SCHÄFFER
POESCHEL

Axel Hanses / Martin Vosen

Prüfungstraining Wirtschaftsfachwirt: Recht und Steuern

Aufgaben verstehen, Denkfehler vermeiden, richtige Antworten finden

2016
Schäffer-Poeschel Verlag Stuttgart

Axel Hanses, Dipl.-Finw., Fachprüfer für Unternehmensbewertung im Finanzamt für Groß- und Konzernbetriebsprüfung Köln
Martin Vosen, Dipl.-Kfm., Dipl.-Finw., Sachgebietsleiter im Finanzamt für Groß- und Konzernbetriebsprüfung Köln

Bibliografische Information der Deutschen Nationalbibliothek
Die Deutsche Nationalbibliothek verzeichnet diese Publikation in der Deutschen Nationalbibliografie; detaillierte bibliografische Daten sind im Internet über http://dnb.d-nb.de abrufbar.

Print: ISBN 978-3-7910-3707-3   Bestell-Nr. 11021-0001
ePDF: ISBN 978-3-7910-3708-0   Bestell-Nr. 11021-0150

Dieses Werk einschließlich aller seiner Teile ist urheberrechtlich geschützt. Jede Verwendung außerhalb der engen Grenzen des Urheberrechtsgesetzes ist ohne Zustimmung des Verlages unzulässig und strafbar. Das gilt insbesondere für Vervielfältigungen, Übersetzungen, Mikroverfilmungen und die Einspeicherung und Verarbeitung in elektronischen Systemen.

© 2016 Schäffer-Poeschel Verlag für Wirtschaft · Steuern · Recht GmbH
www.schaeffer-poeschel.de
service@schaeffer-poeschel.de

Umschlagentwurf: Goldener Westen, Berlin
Umschlaggestaltung: Kienle gestaltet, Stuttgart (Bildnachweis: Shutterstock)
Satz: Claudia Wild, Konstanz

Printed in Germany
Juni 2016

Inhaltsverzeichnis

1	Anforderungen im Qualifikationsbereich – allgemeine Bearbeitungshinweise	1
2	Anforderungen im Qualifikationsbereich – Spezielle Hinweise zum Fach Recht und Steuern	3
3	**Recht und Steuern**	**5**
3.1	Rechtliche Zusammenhänge	5
3.1.1	BGB Allgemeiner Teil	5
3.1.1.1	Rechtssubjekte	5
3.1.1.2	Sachen	6
3.1.1.3	Rechts- und Geschäftsfähigkeit	7
3.1.2	BGB Schuldrecht	11
3.1.2.1	Grundlagen	11
3.1.2.2	Produkthaftung	12
3.1.2.3	Kaufvertrag	14
3.1.2.4	Weitere Vertragsarten	21
3.1.2.5	Leistungsstörungen und Haftung	24
3.1.3	BGB Sachenrecht	31
3.1.3.1	Eigentum und Besitz	31
3.1.3.2	Finanzierungssicherheiten	34
3.1.3.3	Grundlagen Insolvenzrecht	40
3.1.4	Handelsgesetzbuch	44
3.1.4.1	Begriff des Kaufmanns	44
3.1.4.2	Handelsregister	48
3.1.4.3	Vermittlergewerbe	50
3.1.5	Arbeitsrecht	50
3.1.5.1	Arbeitsvertragsrecht	50
3.1.5.2	Betriebsverfassungsgesetz	62
3.1.5.3	Arbeitsrechtliche Schutzbestimmungen	63
3.1.6	Grundsätze des Wettbewerbsrechts	66
3.1.7	Gewerberecht und Gewerbeordnung	69
3.2	Steuerrechtliche Bestimmungen	70
3.2.1	Grundbegriffe des Steuerrechts	70
3.2.2	Unternehmensbezogene Steuern	75
3.2.2.1	Einkommensteuer	75
3.2.2.2	Körperschaftsteuer	81
3.2.2.3	Gewerbesteuer	83
3.2.2.4	Kapitalertragsteuer	86
3.2.2.5	Umsatzsteuer	87

Inhaltsverzeichnis

3.2.2.6	Grundsteuer	93
3.2.2.7	Grunderwerbsteuer	94
3.2.2.8	Erbschaft- und Schenkungssteuer	95
3.2.3	Abgabenordnung	97
4	**Mündliche Ergänzungsprüfung**	**103**
4.1	Prüfungsausschüsse	103
4.4	Organisation	104
4.3	Durchführung der Prüfung	105
4.4	Bestehen der Prüfung	106

Stichwortverzeichnis 107

1 Anforderungen im Qualifikationsbereich – allgemeine Bearbeitungshinweise

Die IHK-Klausuren enthalten regelmäßig Bearbeitungshinweise für die Teilnehmer. Sie sollen die Bearbeitung und auch später die Korrekturen erleichtern, werden aber erfahrungsgemäß kaum gelesen und folglich nicht beachtet. Das führt zwar meist nicht zu einer Abwertung der Ausführungen, aber es besteht trotzdem die Gefahr, dass die Klausuren insgesamt schlechter ausfallen, als es dem Kenntnisstand der Teilnehmer entspricht. Wichtige Hinweise sind:

- »Die Lösungsgänge bzw. Rechenvorgänge sind klar und nachvollziehbar im Lösungsteil darzustellen.«
  Nur wenn der Korrektor den Lösungsweg bzw. den Gedankengang nachvollziehen kann, können auch bei nicht vollständig korrekter Lösung Teilpunkte vergeben werden. Wenn dagegen nur ein Ergebnis genannt wird, kann das nur insgesamt richtig oder falsch sein und damit zur vollen Punktzahl oder zu null Punkten führen.

- »Wir weisen darauf hin, dass eine vom Prüfungsausschuss nicht lesbare Prüfungsarbeit mit der Note ›ungenügend‹ (null Punkte) bewertet wird.«
  Natürlich ist es – besonders unter Zeitdruck – kaum möglich, die Handschrift umzustellen. Trotzdem kann das Bemühen erwartet werden, wenigstens die Entzifferung zu ermöglichen.

> **Tipp**
> Die Lesbarkeit wird deutlich erhöht, wenn Sie
> - einen Kugelschreiber und niemals einen Bleistift benutzen.
> - auf dem karierten IHK-Papier jeweils eine Zwischenzeile frei lassen.
> - nur gängige und als solche erkennbare Abkürzungen benutzen.

- »Verwenden Sie für jede Aufgabe ein neues Lösungsblatt bzw. eine neue Lösungsseite.«
  Die Korrektoren haben nicht selten das Problem, Lösungsteile den Aufgaben zuzuordnen bzw. überhaupt zu finden. Die klare Kennzeichnung und Zusammenstellung der Lösungsteile ist also im Interesse der Teilnehmer.

- »Bei Aufgaben, die eine Aufzählung von n-Fakten erfordern, werden nur die ersten n-Fakten gewertet. Alle darüber hinausgehenden Aufzählungen werden gestrichen.«
  Wenn also eine bestimmte Anzahl von Antworten (z. B. »Nennen Sie drei …«) verlangt wird, ist es nicht sinnvoll, mehr zu schreiben. Das kostet nur Zeit und wird vom Korrektor nicht berücksichtigt. Damit soll verhindert werden, dass die Teilnehmer unstrukturiert ein umfangreiches Angebot machen, aus dem sich der Korrektor dann die richtigen Antworten raussuchen soll.

> **Hinweis:** Wenn in den Beispielen hier in Einzelfällen mehr Lösungen als verlangt angeboten werden, ist das lediglich ein Hinweis darauf, dass es weitere richtige Antworten gibt. Diese Antworten sind dann in den Lösungsvorschlägen nicht nummeriert.

Anforderungen im Qualifikationsbereich – allgemeine Bearbeitungshinweise

Ein Problem stellt in diesem Qualifikationsbereich die Art der Aufgabenstellung dar. Rechenaufgaben sind eher untypisch, in der Regel werden schriftliche Darstellungen verlangt. Die Beurteilung bezieht sich dann auch auf Kompetenzen, die im Rahmenplan nicht erwähnt werden. So wird z. B. die Fähigkeit vorausgesetzt, auch komplexe Sachverhalte korrekt und nachvollziehbar schriftlich darstellen zu können. Formulierungen, die »auf den Punkt« die Fragestellung treffen, stellen aber für viele Teilnehmer eine Herausforderung dar.

Dadurch rückt die Technik der Bearbeitung in den Vordergrund:
- Zunächst muss die Aufgabenstellung analysiert werden, um die Elemente der erwarteten Antwort (z. B. »Nennen« oder »Erläutern«) zu erkennen.
- Daraus ergibt sich die Struktur der Lösung. In vielen Fällen ist es sinnvoll, – im Kopf oder auf Papier – eine Tabelle zu entwerfen, damit bei der Beantwortung keine Lösungen »verloren gehen«.

> **Hinweis:** Wenn möglich, werden die Lösungsvorschläge in diesem Buch auf die oben beschriebene Weise entwickelt.

In welcher Tiefe und in welchem Umfang die Aufgaben zu lösen sind, ergibt sich aus der Lernzieltaxonomie (Kategorisierung), die dem Rahmenplan vorangestellt ist. Sie unterscheidet drei Ebenen (vgl. Abbildung 1.1).

Ebene	Beschreibung	Zuordnung (Auswahl)
Wissen	Erwerb von Kenntnissen, die notwendig sind, um Zusammenhänge zu verstehen.	Kennen Überblicken
Verstehen	Erkennen und Verinnerlichen von Zusammenhängen, um komplexe Aufgabenstellungen und Problemfälle einer Lösung zuführen zu können. Hinweis »Erläutern« bedeutet, dass Zusammenhänge erkannt und verinnerlicht werden, um komplexe Aufgabenstellungen und Probleme lösen zu können. Es reicht also keinesfalls aus, Fakten zu lernen und in der Klausur zu reproduzieren. Vielmehr wird verlangt, das Wissen zu strukturieren und den Lösungsweg nachvollziehbar darzustellen.	Analysieren Auswerten Beurteilen Bewerten Erläutern Unterscheiden Vergleichen
Anwenden	Aus dem Verstehen der Zusammenhänge resultierende Fähigkeit zu sach- und fachgerechtem Handeln.	Aufbereiten Beachten Entwickeln Erarbeiten Beherrschen Darstellen Durchführen Optimieren Planen Prüfen Umsetzen Vorschlagen

Abb. 1.1: Taxonomie der Lernziele

2 Anforderungen im Qualifikationsbereich – Spezielle Hinweise zum Fach Recht und Steuern

In § 4 Abs. 3 der IHK-Prüfungsordnung ist festgelegt, welche Kenntnisse im Qualifikationsbereich **Recht und Steuern** nachgewiesen werden sollen. Hierbei handelt es sich um allgemeine Kenntnisse des
- bürgerlichen Rechts (BGB),
- Handelsrechts (HGB),
- Arbeitsrechts,
- Wettbewerbsrechts und
- Gewerberechts.

Weiterhin sollen an unternehmenstypischen Beispielen und Situationen mögliche Vertragsgestaltungen vorbereitet und deren Auswirkungen bewertet werden können. Zudem müssen die Grundzüge des unternehmensrelevanten Steuerrechts verstanden werden, sodass in diesem Rahmen geprüft werden können die
- rechtlichen Zusammenhänge und
- steuerrechtlichen Bestimmungen.

In Betracht kommen hier die Regelungen zur
- Einkommensteuer (EStG)
- Körperschaftsteuer (KStG)
- Gewerbesteuer (GewStG)
- Kapitalertragsteuer (KapESt, geregelt im EStG)
- Umsatzsteuer (UStG)
- Grundsteuer (GrStG)
- Grunderwerbsteuer (GrEStG)
- Erbschaftsteuer (ErbStG)
- Abgabenordnung (AO).

In der Regel handelt es sich bei den Klausuraufgaben um sogenannte Textaufgaben, deren Beantwortung im Fließtext zu erfolgen hat. Rechenaufgaben kommen nur in seltenen Fällen und mit inhaltlich geringem Umfang vor.

Die nachfolgenden Ausführungen zum Prüfungstraining orientieren sich weitestgehend an der Gliederung des Rahmenplans zum Qualifikationsbereich **Recht und Steuern**. Da dieses Buch in erster Linie der Klausurvorbereitung und der Vermittlung der Klausurtechnik (Vermitteln der erwarteten Lösungswege und des erwarteten Lösungsumfangs) dient, erfolgen hier ergänzend nur noch die grundlegenden rechtlichen Ausführungen. Die in den jeweiligen Übungsaufgaben genannten Wertungspunkte orientieren sich am Umfang und Schwierigkeitsgrad den die IHK-Klausuren vorgeben.

3 Recht und Steuern

3.1 Rechtliche Zusammenhänge

3.1.1 BGB Allgemeiner Teil

Die §§ 1-240 des Bürgerlichen Gesetzbuches enthalten die Vorschriften über natürliche und juristische Personen, Sachen und Rechtsgeschäfte. Daran anschließend finden sich die Regelungen zu Fristen und Terminen, Anspruchsverjährung, Rechtsausübung und Sicherheitsleistungen.

3.1.1.1 Rechtssubjekte

> **Definition**
> Rechtssubjekte sind Träger von Rechten und Pflichten. Das Gesetz unterscheidet natürliche und juristische Personen.

- Natürliche Personen sind alle Menschen. Die Rechtsfähigkeit beginnt mit der Geburt, § 1 BGB, und endet mit dem Tod.
- Juristische Personen sind Personengemeinschaften oder Vermögensmassen, die eine eigene Rechtsfähigkeit besitzen.

Abbildung 3.1 zeigt typische Beispiele.

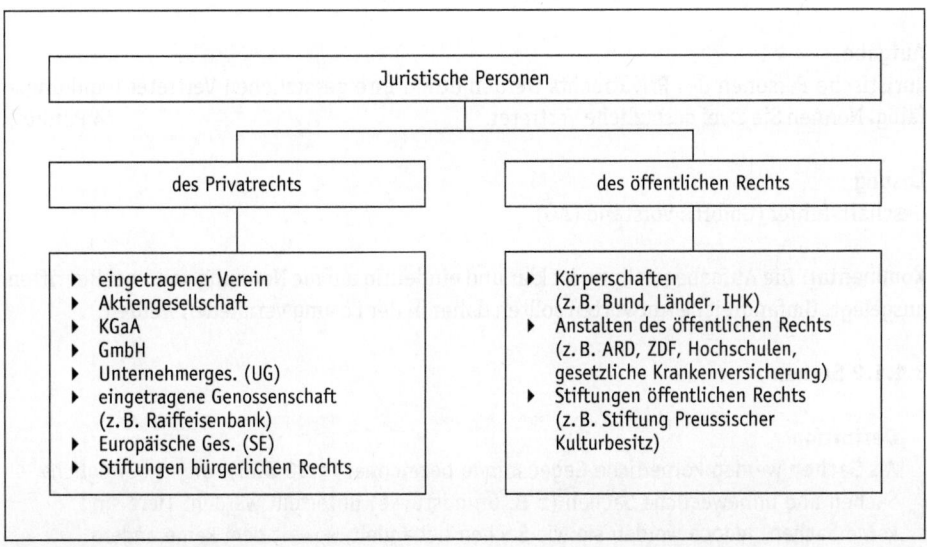

Abb. 3.1: Juristische Personen

Aufgabe
a) Beschreiben Sie, was unter einer Person im Rechtssinne zu verstehen ist. (3 Punkte)
b) Beschreiben Sie, was man unter dem Begriff der natürlichen und der juristischen Person versteht. (4 Punkte)

Lösung
a) Eine Person im Rechtssinne ist, wer rechtsfähig ist, also Träger von Rechten und Pflichten sein kann. Natürliche Personen sind alle Menschen.
b) Juristische Personen sind Personengemeinschaften (Organisation von Menschen) oder Vermögensmassen (Zweckvermögen), denen der Gesetzgeber Rechtsfähigkeit verliehen hat (eigene Rechtsfähigkeit).

Kommentar: Die Lösung entspricht den oben dargestellten Definitionen. Wichtig ist, dass hier neben der allgemeinen Antwort zu a) unter b) beide Begriffe erläutert werden müssen.

Aufgabe
Nennen Sie je ein Beispiel für eine juristische Person
- des Privatrechts und
- des öffentlichen Rechts (4 Punkte)

Lösung
Juristische Person des Privatrecht: z. B. GmbH, AG, KGaA, eingetragene Genossenschaft (eG)
Juristische Person des öffentlichen Rechts: z. B. Bund, Länder, Anstalten des öffentlichen Rechts (ARD, ZDF ...)

Kommentar: Die Aufzählung in der Lösung erfolgt nur beispielhaft (siehe auch Abb. 3.1). Da hier nur **ein** Beispiel zu nennen ist, sollte auf mehrere Nennungen verzichtet werden, da dies nur Zeit kostet und zu keinen zusätzlichen Punkten führt.

Aufgabe
Juristische Personen des Privatrechts werden durch ihre gesetzlichen Vertreter handlungsfähig. Nennen Sie zwei gesetzliche Vertreter. (4 Punkte)

Lösung
Geschäftsführer (GmbH); Vorstand (AG).

Kommentar: Die Aufgabenstellung ist klar und eindeutig auf die Nennung von zwei Begriffen ausgelegt. Umfangreiche Antworten sollten daher in der Lösung vermieden werden.

3.1.1.2 Sachen

> **Definition**
> Als **Sachen** werden körperliche Gegenstände bezeichnet (§ 90 BGB), die in bewegliche Sachen und unbewegliche Sachen (z. B. Grundstücke) unterteilt werden. Tiere sind keine Sachen, jedoch werden sie wie Sachen behandelt, soweit dem keine andere Rechtsnorm entgegensteht, § 90a BGB.

Aufgabe
Erläutern Sie den Begriff Sachen und geben Sie die einschlägige Rechtsnorm an. Stellen Sie dar, in welche Kategorien Sachen aus rechtlicher Sicht eingeteilt werden können und nennen Sie zu jeder dieser Kategorien zwei Beispiele. (8 Punkte)

Lösung
Der Begriff der Sache ist in § 90 BGB geregelt. Sachen sind hiernach nur körperliche Gegenstände, also Gegenstände, die man anfassen kann. Tiere sind keine Sachen, § 90a BGB.

Unterschieden wird in bewegliche Sachen (z. B. Auto, Schrank) und unbewegliche Sachen (z. B. Grundstück, Wohnungseigentum).

Kommentar: Diese Aufgabe lässt sich durch bloßes Lesen des § 90 BGB fast vollständig lösen. Lediglich die geforderten Beispiele müssen noch hinzugefügt werden. Einschlägige Vorschriften wie der § 90 BGB sollten also in jedem Fall bekannt sein und zur Prüfungsvorbereitung wiederholt werden.

Aufgabe
Der Gesetzgeber regelt den Begriff **wesentlicher Bestandteil einer Sache**. Definieren Sie die Begriffe
- Bestandteil einer Sache und
- Wesentlicher Bestandteil einer Sache
Rechtsnormen müssen nicht genannt werden. (4 Punkte)

Lösung
- Bestandteil einer Sache: Setzt sich eine Sache aus mehreren Komponenten zusammen, sind diese Komponenten Bestandteile der Sache
- Wesentlicher Bestandteil einer Sache: Können die Bestandteile einer Sache nicht voneinander getrennt werden ohne das der eine oder andere Bestandteil zerstört oder im Wesen verändert wird, handelt es sich um wesentliche Bestandteile, § 93 BGB.

Kommentar: Zwar ist die Rechtsnorm laut Aufgabenstellung nicht zu nennen und kann daher in der Lösung weggelassen werden, jedoch ergibt sich der Lösungsinhalt weitestgehend aus dem entsprechenden Paragrafen des BGB. Insoweit gelten auch hier die Ausführungen bei der vorherigen Aufgabe zu den einschlägigen Vorschriften.

3.1.1.3 Rechts- und Geschäftsfähigkeit
Natürliche und juristische Personen gestalten die Rechtsbeziehungen untereinander durch Rechtsgeschäfte. Darunter versteht man jede Handlung, die eine Rechtsfolge herbeiführen soll. Sie kann eine (einseitiges Rechtsgeschäft, z. B. bei Kündigung) oder mehrere (mehrseitiges Rechtsgeschäft, z. B. bei Abschluss eines Mietvertrages) Willenserklärungen, aber auch weitere Elemente (z. B. Übereignung einer beweglichen Sache) enthalten.

> **Definition**
> Ein Rechtsgeschäft besteht aus einer oder mehreren Willenserklärungen, die eine gewollte Rechtsfolge herbeiführen

3 Recht und Steuern

Aufgabe
Nennen Sie jeweils zwei Beispiele für ein
- einseitiges Rechtsgeschäft,
- zweiseitiges Rechtsgeschäft
- mehrseitiges Rechtsgeschäft

und beschreiben Sie die jeweilige Rechtsfolge. (18 Punkte)

Lösung
- Einseitiges Rechtsgeschäft
  - Kündigung eines Zeitungsabos unter Einhaltung des Kündigungsfrist
  - Rechtsfolge: Beendigung des Zeitungsabos; nach Ablauf der Kündigungsfrist wird die Zeitung nicht weiter bezogen
  - Zustimmung der Eltern zu einem Vertrag ihres noch nicht rechtsfähigen Kindes
  - Rechtsfolge: Der Vertrag zwischen dem Kind und der anderen Vertragspartei wird wirksam
- Zweiseitiges Rechtsgeschäft
  - Abschluss eines Dienstleistungsvertrags (z. B. Hausmeisterservice)
  - Rechtsfolge: mit Wirksamwerden des Vertrags sind die entsprechenden Dienstleistungen zu erbringen und Vergütungen zu zahlen
  - Abschluss eines Kaufvertrages (z. B. Pkw)
  - Rechtsfolge: Der Kaufpreis ist zu zahlen; die Lieferung des Kaufgegenstands hat zu erfolgen
- Mehrseitiges Rechtsgeschäft
  - Beschluss mehrerer GmbH-Gesellschafter über die Höhe der Gewinnausschüttung
  - Rechtsfolge: Verpflichtung der GmbH, den beschlossenen Betrag an die Gesellschafter auszuschütten
  - Beschluss mehrerer GmbH-Gesellschafter über die Erhöhung des Stammkapitals
  - Rechtsfolge: Verpflichtung der Gesellschafter, den beschlossenen Betrag in die GmbH einzuzahlen

Kommentar: Bei den genannten Rechtsgeschäften handelt es sich um eine beispielhafte Aufzählung, sodass auch andere zutreffende Beispiele genannt werden können. Wichtig ist, dass bei der Lösung, entsprechend der Aufgabenstellung, für jedes Rechtsgeschäft zwei Beispiele genannt werden. Erfolgen weniger als zwei Nennungen je Rechtsgeschäft, führt dies zu Punktabzug, werden mehr als zwei genannt, führt dies nicht zu einer zusätzlichen Punktvergabe.

Darüber hinaus darf nicht vergessen werden, die jeweilige Rechtsfolge zu benennen. Auch diese wird bei der Korrektur einzeln ausgepunktet.

Um wirksam Rechtsgeschäfte tätigen zu können, muss zur Rechtsfähigkeit die Geschäftsfähigkeit (§§ 104–113 BGB) hinzukommen. Grundsätzlich werden alle Menschen als geschäftsfähig angesehen, das Gesetz regelt lediglich die Ausnahmen.

> **Definitionen**
> **Geschäftsunfähig** sind Minderjährige, die das 7. Lebensjahr nicht vollendet haben (§ 104 Nr. 1 BGB) und alle Personen, die sich in einem – nicht nur vorübergehenden – Zustand krankhafter Störung der Geistestätigkeit befinden, der die freie Willensbestimmung ausschließt (§ 104 Nr. 2 BGB).

Recht und Steuern

> **Beschränkt geschäftsfähig** sind Personen vom vollendeten 7. bis zum vollendeten 18. Lebensjahr (§ 106 BGB). Ihre Rechtsgeschäfte sind schwebend unwirksam, wenn sie ohne Einwilligung des gesetzlichen Vertreters geschlossen werden. Davon sind nur ausgenommen Geschäfte, die rechtlich ausschließlich vorteilhaft sind.

Beispiel
Tom ist acht Jahre alt. Er bekommt von seiner Tante eine Play-Station mit Spielen geschenkt. Für die Annahme des Geschenks ist die Einwilligung des gesetzlichen Vertreters nicht notwendig.

Beispiel
Die 10-jährige Vera erhält 5 € Taschengeld pro Woche. Sie kauft sich davon eine Tüte Gummibärchen.

Das im Beispiel genannte Geschäft wird mit Mitteln bewirkt, die zu diesem Zweck oder zur freien Verfügung vom gesetzlichen Vertreter oder mit dessen Zustimmung von Dritten überlassen worden sind (§ 110 BGB, »**Taschengeldparagraf**«).

> **Definition**
> **Unbeschränkte Geschäftsfähigkeit** wird mit Vollendung des 18. Lebensjahres erreicht.

In Abbildung 3.2 sind die Regelungen zusammengefasst.

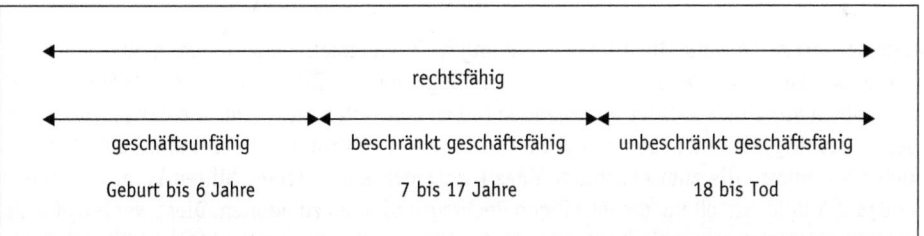

Abb. 3.2: Rechts- und Geschäftsfähigkeit

Aufgabe

Sylvia ist 17 Jahre alt und ist vor einiger Zeit in ihre eigene Wohnung gezogen, um näher an ihrer Arbeitsstelle zu wohnen, sodass sie nun zu Fuß zur Arbeit gehen kann. Von ihrem Lohn bestreitet sie ihren Lebensunterhalt, zahlt monatlich einen festen Betrag in einen Sparvertrag und kann über den verbleibenden Rest grundsätzlich frei verfügen. All dies geschieht mit ausdrücklicher Zustimmung der Eltern.

Um in Zukunft mobiler zu sein, kauft sie bereits ein halbes Jahr vor ihrem 18. Geburtstag ein Auto von ihrer bereits volljährigen Freundin Tanja. Da Sylvia noch nicht über genug Barmittel verfügt, vereinbaren die beiden, dass der Kaufpreis von 5.000 € in zehn gleichen Monatsraten beglichen werden soll und besiegeln den Deal per Handschlag. Da Sylvia von dem Auto so begeistert ist und es unbedingt haben möchte, hat sie ihre Eltern im Vorfeld nicht informiert.

Prüfen Sie, ob hier ein gültiger Kaufvertrag zustande gekommen ist. Begründen Sie Ihre Lösung anhand der einschlägigen Rechtsgrundlagen. (18 Punkte)

Lösung
- Sylvia ist erst 17 Jahre alt und damit nur beschränkt geschäftsfähig. Der Abschluss eines Kaufvertrags ist daher nur unter bestimmten Voraussetzungen möglich, §§ 2 und 106 BGB.
- Der Vertrag wäre gültig, wenn er nur rechtliche Vorteile bringen würde, § 107 BGB, 1. Variante. Da bei einem Kaufvertrag aber auch die Verpflichtung zur Kaufpreiszahlung besteht, wird diese Voraussetzung nicht erfüllt.
- Ein wirksamer Kaufvertrag läge nur vor, wenn die Eltern vorab zugestimmt hätten, § 107 BGB, 2. Variante. Da die Eltern jedoch nicht informiert wurden, wird auch diese Voraussetzung nicht erfüllt.
- Allerdings könnten die Eltern den Abschluss des Kaufvertrags auch nachträglich noch genehmigen, § 108 Abs. 1 BGB. Dies ist laut Sachverhalt bisher aber nicht erfolgt.
- Könnte Sylvia den Betrag aus eigenen, zur freien Verfügung vorhandenen Mitteln begleichen, wäre der Abschluss eines wirksamen Kaufvertrags möglich, § 110 BGB (Taschengeldparagraf). Diese Regelung gilt jedoch nicht für Ratengeschäfte.
- Der Vertrag würde Gültigkeit erlangen, wenn das Auto zwingend für die Berufstätigkeit benötigt würde, § 113 Abs. 1 BGB. Da die Arbeitsstelle aber zu Fuß zu erreichen ist, ist dies offensichtlich nicht der Fall.
- Im Ergebnis ist der von Sylvia geschlossene Kaufvertrag nicht zustande gekommen und schwebend unwirksam. Zum einen ist Sylvia nur beschränkt geschäftsfähig, zum anderen greift keine der Ausnahmeregelungen der §§ 107 bis 133 BGB. Allerdings könnten die Eltern den Abschluss des Vertrags nachträglich genehmigen.

Kommentar: Auch wenn die Aufgabenstellung recht allgemein gehalten ist, genügt hier kein bloßes Ja oder Nein oder eine lediglich kurze Begründung. Die Altersangabe für Sylvia leitet zur Problematik hin, die es im vorliegenden Fall zu beurteilen gilt. Aufgrund der beschränkten Geschäftsfähigkeit sind neben den grundsätzlichen Ausführungen hierzu, sämtliche Möglichkeiten zu prüfen, die zum Abschluss eines wirksamen Kaufvertrags führen könnten. Zudem sind laut Aufgabenstellung die jeweiligen Rechtsgrundlagen zu nennen. Diese werden einzeln ausgepunktet, d. h., dass ein Weglassen der Rechtsgrundlagen zum Punktabzug führt.

Aufgabe
Die 17-jährige Jessica möchte das Bestehen ihrer Abiturprüfung groß feiern und bestellt bei einem Partyservice Essen, Trinken und einen DJ. Bei Abschluss des Vertrags verlangt der Inhaber des Partyservice die Zustimmung von Jessicas Eltern als gesetzliche Vertreter, da sie schließlich noch minderjährig sei. Daraufhin erwidert Jessica, dass sie eine solche Zustimmung nicht benötige, da sie bereits seit einem halben Jahr verheiratet sei.
a) Prüfen und begründen Sie, ob im vorliegenden Fall die Zustimmung der gesetzlichen Vertreter zum Abschluss des Vertrags vonnöten ist. (10 Punkte)
b) Erläutern Sie, ob Jessica tatsächlich aufgrund ihrer Heirat bereits voll geschäftsfähig geworden ist und was sie eigenständig rechtsfähig vornehmen darf. (5 Punkte)
c) Erläutern Sie, ob bei Anschluss des Vertrags die handschriftliche Unterzeichnung notwendig ist. (3 Punkte)
d) Erläutern Sie zwei weitere Formen, die gemäß BGB für die Abgabe von Willenserklärungen möglich sind. (2 Punkte)

Die Nennung der Rechtsnormen ist nicht erforderlich.

Lösung
a) Da Jessica mit 17 Jahren noch minderjährig ist, ist sie nur beschränkt geschäftsfähig (§ 106 BGB). Die Volljährigkeit tritt erst mit der Vollendung des 18. Lebensjahres ein (§ 2 BGB). Durch den Abschluss des Vertrags mit dem Partyservice wird, durch die Verpflichtung zur Zahlung, nicht lediglich ein rechtlicher Vorteil erlangt, sodass die Einwilligung der gesetzlichen Vertreter notwendig ist (§ 107 BGB).
b) Zwar ist eine Heirat auch vor der Vollendung des 18. Lebensjahres möglich, jedoch tritt hierdurch kein vorzeitiger Eintritt der Volljährigkeit (§ 2 BGB) ein.
Ein Minderjähriger, der verheiratet ist, kann allerdings selbstständig einen Wohnsitz begründen oder aufheben (§ 8 Abs. 2 BGB).
c) Eine handschriftliche Unterzeichnung ist nicht notwendig, da das BGB keine bestimmte Form für den Vertragsabschluss vorsieht.
d) Neben dem mündlichen Vertragsabschluss ist auch die Textform möglich, z. B. durch öffentliche Beglaubigung oder durch notarielle Beurkundung.

Kommentar: Wie bei der vorhergehenden Aufgabe, ist hier bei den Aufgabenteilen a) und b) zu prüfen, welche Folgen sich aus der Minderjährigkeit, also der beschränkten Geschäftsfähigkeit, ergeben. Im Rahmen der Lösung sind zunächst auch die allgemeinen Regelungen zu prüfen und zu erläutern (Minderjährigkeit/Volljährigkeit), bevor die Entscheidung dargestellt wird. Die Nennung der Rechtsnormen ist laut Aufgabenstellung nicht gefordert und erfolgt hier nur der besseren Nachvollziehbarkeit halber. Allerdings müssen die entsprechenden Vorschriften beherrscht werden, um zur zutreffenden Lösung gelangen zu können. Die Aufgabenteile c) und d) fragen darüber hinaus Allgemeinwissen aus dem Bereich Recht ab, dass ebenfalls beherrscht werden sollte.

3.1.2 BGB Schuldrecht

3.1.2.1 Grundlagen

> **Definition**
> Ein **Schuldverhältnis** liegt vor, wenn durch eine Rechtsbeziehung eine Verpflichtung besteht.

Kraft des Schuldverhältnisses ist der Gläubiger berechtigt, vom Schuldner eine Leistung zu fordern. Die Leistung kann auch in einem Unterlassen bestehen, § 241 Abs. 1 BGB.
- **Rechtsgeschäftliche Schuldverhältnisse** entstehen durch Vertrag (§ 311 Abs. 1 BGB).
- Beispiele: Kaufvertrag, Mietvertrag, Darlehensvertrag
- **Gesetzliche Schuldverhältnisse** liegen vor, wenn Ansprüche bestehen, weil die Beteiligten durch ihr Verhalten bestimmte gesetzliche Voraussetzungen erfüllen, (§§ 823 ff., 677 ff., 812 ff. BGB).
- Beispiel: Ein Brandstifter hat eine Scheune in Brand gesteckt. Die Feuerversicherung wird Regress nehmen.
- **Rechtsgeschäftsähnliche Schuldverhältnisse** sind Schuldverhältnisse, aus denen keine konkrete Leistungspflicht erwächst, wohl aber die Pflicht zur Rücksichtnahme.

▸ Beispiel: Nach Aufnahme von Vertragsverhandlungen muss bei Pflichtverletzung und Rechtswidrigkeit gegebenenfalls ein Vertrauensschaden ersetzt werden.

Innerhalb einer Vertragsbeziehung begrenzt die Generalklausel »**Treu und Glauben**« die Vertragsfreiheit. Ihre Bedeutung ergibt sich aus der Tatsache, dass die Normen des Schuldrechts dispositiv sind, sich die Parteien also über abweichende Regelungen verständigen können. Dann muss die Regelung aber den Interessen beider Teile Rechnung tragen.

Beispiel
Die Leistung eines Schuldners kann unter Berücksichtigung der Verkehrssitte verlangt werden (culpa in contrahendo = schuldhafte Verletzung von Pflichten aus einem vorvertraglichen Schuldverhältnis, § 242 BGB).
Herr Meyer betritt den Showroom des Autohauses Z-GmbH, da er sich für ein neues Cabrio interessiert. Als der Verkäufer X die Autotür zuschlägt, verletzt er Herrn Meyer, da dieser noch gar nicht vollständig eingestiegen war.
Aus dem Fehlverhalten des Verkäufers leitet sich ein Schadenersatzanspruch gegenüber dem Autohaus ab, auch wenn der Kaufvertrag noch nicht abgeschlossen, sondern lediglich in der Anbahnungsphase war (vorvertragliches gesetzliches Schuldverhältnis nach § 311 Abs. 2 i. V. m. § 241 Abs. 2 BGB).

Eine Klage zur Durchsetzung von Interessen muss bei dem zuständigen Gericht eingereicht werden, andernfalls ist sie unzulässig. Soweit nicht im Einzelfall besondere Regeln gelten, wird der **Gerichtsstand** bei natürlichen Personen durch den Wohnsitz oder den Aufenthaltsort und bei juristischen Personen und Behörden durch ihren Sitz bestimmt (§§ 12 ff. ZPO). Bei Kaufleuten und juristischen Personen des öffentlichen Rechts kann in der ersten Instanz ein anderer Gerichtsstand vereinbart werden.

3.1.2.2 Produkthaftung
Die Produkthaftung ist als **Gefährdungshaftung** ausgestaltet. Sie regelt die Haftung für Schäden, die sich aus einer erlaubten Gefahr ergeben.

Beispiele: Hundehaltung, Teilnahme am Straßenverkehr.

> »Wird durch den Fehler eines Produktes jemand getötet, sein Körper oder seine Gesundheit verletzt oder eine Sache beschädigt, so ist der Hersteller des Produkts verpflichtet, dem Geschädigten den daraus entstehenden Schaden zu ersetzen.«,
> (§ 1 Abs. 1 ProdHaftG).

Der Hersteller ist also für Schäden haftbar, die beim Endabnehmer infolge eines fehlerhaften Produkts entstanden sind. Weder ein Vertrag zwischen dem Hersteller und dem Endverbraucher noch ein Verschulden ist erforderlich. Auch Vorsatz oder Fahrlässigkeit sind nicht entscheidend, der Hersteller haftet sogar bei nicht vermeidbaren Fehlern an Einzelstücken.
   Der Endabnehmer soll vor einem fehlerhaften Produkt auch dann geschützt werden, wenn sich Schäden erst nach der Nutzung des Produkts zeigen. Die Sache muss lediglich im privaten Bereich bestimmungsgemäß eingesetzt worden sein. Ansprüche bestehen direkt gegen den Hersteller oder Produzenten.

Die Haftung ist allerdings ausgeschlossen, wenn z. B.
- der Hersteller das Produkt nicht in den Verkehr gebracht hat (z. B. bei Diebstahl),
- der Fehler erst nach dem Inverkehrbringen entstanden ist (z. B. durch eine unsachgemäße Reparatur),
- das Produkt nur für den privaten Eigenbedarf hergestellt worden ist,
- der Fehler durch Beachtung von zwingendem Recht entstanden ist,
- der Fehler nach dem Stand von Wissenschaft und Technik nicht erkannt werden konnte.

Die Produkthaftung ist zu unterscheiden von der Produzentenhaftung (§§ 823 ff. BGB), der Garantie und der Gewährleistung. Die Produkthaftung tritt neben die vertragliche Haftung des Verkäufers nach dem BGB.

Aufgabe

Die Elektro GmbH stellt u. a. Fernsehgeräte her. Herr Müller kauft einen solches Gerät beim örtlichen Einzelhändler für den privaten Gebrauch. Zehn Monate nach Inbetriebnahme geht der Fernseher in Flammen auf, was nicht auf ein Verschulden der Elektro GmbH zurückzuführen ist. Hierbei werden auch Teile der Wohnzimmereinrichtung zerstört. Darüber hinaus erleidet Herr Müller einige Brandverletzungen.

a) Prüfen Sie, ob und inwieweit Herr Müller gegenüber dem Hersteller, der Elektro GmbH, Schadenersatzansprüche geltend machen kann, bezüglich
   - des zerstörten Fernsehgeräts,
   - des im Wohnzimmer entstandenen Sachschadens,
   - der erlittenen Brandverletzungen,
   und begründen Sie Ihre Entscheidung. (18 Punkte)
b) Erläutern Sie, ob die Elektro GmbH für Schäden solcher Art die Haftung einschränken oder sogar ausschließen kann. (3 Punkte)

Die Nennung der Rechtsnormen ist nicht erforderlich.

Lösung

a) Anspruchsgrundlage für alle Schäden ist § 1 ProdHaftG. Hiernach ist der Hersteller des Produkts verpflichtet, dem Geschädigten den durch den Fehler eines Produkts entstehenden Schaden zu ersetzen, falls hierdurch jemand getötet, sein Körper oder seine Gesundheit verletzt oder eine Sache beschädig wird. Die Elektro GmbH ist Hersteller der Produkts (§ 4 ProdHaftG) und das Fernsehgerät ist als bewegliche Sache ein Produkt im Sinne des Gesetzes (§ 2 ProdHaftG). Das Produkt hat darüber hinaus einen Fehler, da es nicht die Sicherheit bietet, die berechtigterweise erwartet werden kann (§ 3 ProdHaftG).
Somit ist die Elektro GmbH verpflichtet, den aus der Zerstörung der Wohnzimmereinrichtung und den aus der körperlichen Verletzung entstandenen Schaden (Schadenersatz und Schmerzensgeld, § 8 ProdHaftG) zu ersetzen.
Der Schaden an der Wohnzimmereinrichtung ergibt sich aus § 1 Abs. 1 S. 1 und 2 ProdHaftG, da sie eine andere Sache als das fehlerhafte Produkt ist und für den privaten Gebrauch verwendet wurde. Allerdings hat im Falle der Sachbeschädigung der Geschädigte einen Schaden bis zu einer Höhe von 500 Euro selbst zu tragen (Selbstbeteiligung, § 11 ProdHaftG).
Ein Anspruch auf Ersatz des Schadens am Fernsehgerät selbst ergibt sich hieraus nicht, da dieser das fehlerhafte Produkt und keine andere Sache im Sinne des Gesetzes ist.

> **Hinweis:** Ein Anspruch auf Schadenersatz nach § 823 BGB ergibt sich hier nicht, da die Elektro GmbH laut Sachverhalt kein Verschulden trifft.

b) Die Ersatzpflicht des Herstellers gemäß ProdHaftG darf im Voraus weder ausgeschlossen noch beschränkt werden (§ 14 ProdHaftG). Abweichende Vereinbarungen wären demnach nichtig.

Kommentar: Aufgrund der recht hohen Punktevergabe ist davon auszugehen, dass eine etwas umfangreiche Begründung verlangt wird, die allerdings nur allgemeine Kenntnisse des ProdHaftG voraussetzt. Die Nennung der Rechtsnormen ist nicht gefordert und dient hier lediglich Lernzwecken und der besseren Nachvollziehbarkeit des Lösungswegs. Ein kurzer Hinweis auf die mögliche Schadenersatzpflicht nach BGB (§ 823 BGB) rundet die Lösung zum Aufgabeteil a) ab.

3.1.2.3 Kaufvertrag

Durch einen Kaufvertrag wird ein **Eigentumswechsel** an einer Sache oder einem Recht vereinbart. Als Gegenleistung ist eine Geldzahlung erforderlich.

> § 433 BGB
> (1) Durch den Kaufvertrag wird der Verkäufer einer Sache verpflichtet, dem Käufer die Sache zu übergeben und das Eigentum an der Sache zu verschaffen. Der Verkäufer hat dem Käufer die Sache frei von Sach- und Rechtsmängeln zu verschaffen.
> (2) Der Käufer ist verpflichtet, dem Verkäufer den vereinbarten Kaufpreis zu zahlen und die gekaufte Sache abzunehmen.

Beispiele sind: Kauf eines Pkw, Kauf einer Lizenz zur Nutzung von Software.

Wenn die Gegenleistung nicht in Geld besteht, handelt es sich um einen Tausch.
Für das Zustandekommen eines Kaufvertrages gibt es zwei Möglichkeiten:
- Der Verkäufer bereitet ein Angebot, das der Käufer annimmt, indem er zu den genannten Bedingungen bestellt.
- Der Käufer bestellt eine Ware, ohne ein Angebot vorliegen zu haben. Der Verkäufer muss die Bestellung entweder ausliefern oder bestätigen.

Der Kauf ist abgeschlossen, wenn sich die Parteien über den Kaufgegenstand und den Preis einig sind. Der Abschluss ist grundsätzlich formfrei, nur in Ausnahmefällen ist eine Beurkundung erforderlich.

Beispiel
Beim Kauf eines Grundstücks ist eine notarielle Beurkundung notwendig.
Der Kauf vollzieht sich dann rechtlich in mehreren Schritten:
- Der Verkäufer ist verpflichtet, die Sache dem Käufer zu übergeben und ihm das lastenfreie Eigentum daran zu verschaffen (§ 433 Abs. 1 Satz 1 BGB).
- Der Eigentumsübergang erfolgt erst durch Übergabe der verkauften Sache bzw. durch Eintragung des Käufers in das Grundbuch.
- Der Käufer verpflichtet sich, den Kaufpreis zu zahlen und die Sache abzunehmen (§ 433 Abs. 2 BGB).

Aufgabe

Die Elektro Maier e.K. betreibt ein Einzelhandelsgeschäft für Haushaltsgeräte. Da an einem Samstag im Dezember viel zu tun ist, verkauft der sonst für das Lager zuständige Angestellte Schmitz einem Kunden eine neue Waschmaschine. Statt des auf dem Preisschild ausgewiesenen Betrags von 630 € erfasst Schmitz in der Kasse lediglich 360 €. Die Auslieferung der Waschmaschine soll am Mittwoch der Folgewoche vorgenommen werden.

Als die Waschmaschine ausgeliefert werden soll, bemerkt Maier den falschen Rechnungsbetrag. Daraufhin verlangt Maier vom Kunden den Differenzbetrag von 270 €. Dieser verweigert jedoch die Mehrzahlung.

a) Erläutern Sie, ob trotz der Tätigkeit des Angestellten Schmitz zwischen Maier und dem Kunden ein rechtsgültiger Vertrag zustande gekommen ist. (6 Punkte)
b) Erläutern Sie, ob Maier den Vertrag erfüllen muss, obwohl der Kunde sich weigert, den Mehrbetrag zu zahlen. (10 Punkte)

Die Nennung von Rechtsnormen ist nicht erforderlich.

Lösung

a) Es ist ein rechtswirksamer Kaufvertrag (§ 433 BGB) zustande gekommen. Dass der Angestellte sonst nur im Lager und nicht im Verkauf arbeitet ist nicht von Bedeutung. Der Kunde konnte von einer Ladenvollmacht des Angestellten (Verkäufers) ausgehen (§ 56 HGB).
b) Zwar ist der Kaufvertrag zu einem Preis von 360 € zustande gekommen, jedoch liegt ein Erklärungsirrtum (§ 119 Abs. 1 BGB) vor, da der Angestellte eine Erklärung dieses Inhalts (Zahlendreher) nicht abgeben wollte. Gründe für eine Anfechtung sind also gegeben. Da Maiers Anfechtung sofort nach Kenntnisnahme des falschen Betrags erfolgte, wurde die Anfechtungsfrist (§ 121 Abs. 1 BGB) auch eingehalten. Durch die erfolgte Erklärung der Anfechtung (§ 143 BGB) gegenüber dem Kunden ist der Kaufvertrag rückwirkend nichtig (§ 142 Abs. 1 BGB), sodass er von Maier auch nicht erfüllt werden muss.

Kommentar: Das in der Aufgabenstellung verlangte *Erläutern* beinhaltet die Aufforderung nicht nur eine Entscheidung zu treffen (Ja/Nein), sondern diese Entscheidung auch herzuleiten und zu begründen. Zwar hat eine Nennung der Rechtsnormen nicht zu erfolgen – und dient in der dargestellten Lösung lediglich zu Lernzwecken – jedoch wird deren Kenntnis vorausgesetzt. Die Lösung zum Aufgabenteil b) lässt sich nahezu vollständig aus den gesetzlichen Fundstellen abschreiben!

Allgemeine Geschäftsbedingungen (AGB)

Die Regelungen zu den AGB finden sich in § 305 BGB.

> **Definition**
> Allgemeine Geschäftsbedingungen sind alle für eine Vielzahl von Verträgen vorformulierte Vertragsbedingungen, die eine Vertragspartei der anderen Vertragspartei bei Abschluss eines Vertrags stellt, § 305 Abs. 1 S. 1 BGB.

Aufgabe

a) Nennen Sie vier Vertragsinhalte, die üblicherweise anhand der Allgemeinen Geschäftsbedingungen in Kaufverträgen geregelt werden. (4 Punkte)

b) Erläutern Sie zwei Vorteile, die sich für den Verkäufer bei einem Kaufvertrag aus der Verwendung von Allgemeinen Geschäftsbedingungen ergeben. (6 Punkte)
c) Erläutern Sie, welche Voraussetzungen erfüllt sein müssen, damit die Allgemeinen Geschäftsbedingungen Bestandteil eines Kaufvertrags werden. (4 Punkte)

Lösung
a) Geregelt werden z. B.
- Lieferbedingungen
- Zahlungsbedingungen
- Erfüllungsort der Lieferung
- Gerichtsstand.

b) Aus der Verwendung von Allgemeinen Geschäftsbedingungen ergeben sich für den Verkäufer z. B. folgende Vorteile
- Normierung der Vertragsbestimmungen und dadurch Vereinfachung der Vertragsabläufe
- Regelung der Vertragsabläufe nach den Vorstellungen des Verkäufers. Ein Vertragsabschluss kommt also nur zustande, wenn der Käufer die Allgemeinen Geschäftsbedingungen des Verkäufers akzeptiert.

c) Die Voraussetzungen ergeben sich aus § 305 Abs. 2 BGB.
Hiernach muss der Käufer **bei** Vertragsabschluss
- ausdrücklich auf die Allgemeinen Geschäftsbedingungen hingewiesen werden,
- die Allgemeinen Geschäftsbedingungen zur Kenntnis nehmen,
- mit den Allgemeinen Geschäftsbedingungen des Verkäufers einverstanden sein und diese entsprechend akzeptieren.

Kommentar: Nach dem IHK-Rahmenplan müssen die Regelungen zu den Allgemeinen Geschäftsbedingungen und die sich daraus für den Verkäufer und Käufer ergebenden Folgen beherrscht werden. Da sich die Antworten zu den Aufgabenteilen a) und b) nicht aus dem Gesetz ablesen lassen, wird ein entsprechender Kenntnisstand vorausgesetzt. Die Aufzählung in der Lösung zu a) und b) ist beispielhaft, sodass selbstverständlich auch andere sinnvolle Antworten möglich sind. Wichtig ist, dass die geforderte Anzahl der Regelungen (hier vier) und Vorteile (hier zwei) genannt wird. Weniger Nennungen führen zum Punktabzug, mehr Nennungen führen zu keinen Zusatzpunkten, sodass hierauf verzichtet werden sollte. Die Lösung zum Aufgabenteil c) lässt sich aus der gesetzlichen Vorschrift des § 305 Abs. 2 BGB ablesen!

Aufgabe
Herr Mayer handelt mit Rasenmähern und verkauft diese an private Endkunden. Die jeweiligen Kaufverträge beinhalten **Allgemeine Geschäftsbedingungen**.
a) Definieren Sie den Begriff Allgemeine Geschäftsbedingungen. (4 Punkte)
b) Nennen Sie vier Voraussetzungen, die erfüllt sein müssen, damit die **Allgemeinen Geschäftsbedingungen** zum Bestandteil des Kaufvertrags werden und geben Sie die entsprechende Rechtsnorm an. (5 Punkte)

Die Allgemeinen Geschäftsbedingungen des Unternehmers Mayer beinhalten u. a. die folgenden **zwei** Klauseln:
c) Der Kaufpreis ist innerhalb von drei Wochen nach Lieferung der Ware fällig.
   Mit einem guten Kunden hat Herr Mayer vereinbart, dass der Rasenmäher erst fünf Wochen nach Lieferung bezahlt werden muss. Erläutern Sie, wann in diesem Fall die Zahlung fällig ist und geben Sie die entsprechende Rechtsnorm an. (6 Punkte)
d) Mit Kauf des Rasenmähers erwirbt der Käufer den Online-Newsletter »Rund um den Garten«. Hierfür ist ein jährlicher Betrag von 60 € zu zahlen.
   Erläutern Sie, ob diese Klausel rechtswirksam ist und geben Sie die entsprechende Rechtsnorm an. (6 Punkte)

Lösung
a) Definition: Allgemeine Geschäftsbedingungen sind alle für eine Vielzahl von Verträgen vorformulierte Vertragsbedingungen, die eine Vertragspartei der anderen Vertragspartei bei Abschluss eines Vertrags stellt, § 305 Abs. 1 S. 1 BGB.
b) Nach § 305 Abs. 2 BGB werden die Allgemeinen Geschäftsbedingungen zum Bestandteil eines Kaufvertrags, wenn
   – der Verwender bei **Vertragsschluss ausdrücklich** darauf **hinweist,**
   – die andere Vertragspartei die **Möglichkeit hat, diese zur Kenntnis** zu nehmen,
   – die andere Vertragspartei mit der Geltung der Allgemeinen Geschäftsbedingungen **einverstanden** ist.
c) Nach § 305b BGB haben individuelle Vertragsabreden Vorrang vor den Allgemeinen Geschäftsbedingungen. Somit gilt hier nicht die allgemein geregelte 3-Wochen-Frist, sondern die individuell geregelte 5-Wochen-Frist.
d) Nach § 305c BGB werden überraschende Klauseln nicht Bestandteil des Vertrags. Eine überraschende Klausel liegt vor, wenn sie so ungewöhnlich ist, dass der Vertragspartner (Kunde) nicht mir ihr rechnen braucht. Diese Voraussetzung ist hier erfüllt, da der Kunde beim Kauf eines Rasenmähers nicht mit dem zusätzlichen Abschluss eines Online-Newsletters rechnen muss.

Kommentar: Zwar deutet die Vergabe von 21 Punkten darauf hin, dass die Lösung und Begründung etwas umfangreicher zu erfolgen hat, jedoch hält sich der Schwierigkeitsgrad in Grenzen, da sich die geforderte Lösung nahezu vollständig aus den Rechtsnormen §§ 305 bis 305c BGB ableiten bzw. sogar abschreiben lässt. Darüber hinaus sollte nicht vergessen werden, die einschlägigen Rechtsnormen, wie in der Aufgabenstellung gefordert, auch zu nennen.

Sachmangelhaftung
Grundsätzlich ist eine Sache frei von Sachmängeln, wenn sie bei Gefahrübergang (Lieferung) die vereinbarte Beschaffenheit hat, § 434 BGB. Die Rechte des Käufers bei Mängeln ergeben sich aus § 437 BGB. Unter bestimmten Voraussetzungen kann der Käufer
▸ Nacherfüllung verlangen,
▸ von dem Vertrag zurücktreten,
▸ den Kaufpreis mindern,
▸ Schadenersatz verlangen,
▸ den Ersatz vergeblicher Aufwendungen verlangen.

§ 437 BGB verweist auf die Rechtsnormen, in denen die jeweils zu erfüllenden Voraussetzungen genannt sind.

Aufgabe
Die X-GmbH vertreibt Computer und entsprechendes Zubehör. Im Rahmen einer Sonderaktion werden zum Ende des Jahres eine Vielzahl von Multifunktionsgeräten eines bestimmten Typs verkauft. Aufgrund einer ganzen Reihe von Reklamationen stellen die Mitarbeiter der X-GmbH fest, dass die Geräte teilweise in defektem Zustand ausgeliefert worden sind.
a) Nennen Sie die sich aus den Mängeln der Geräte für die Käufer ergebenden möglichen Anspruchsgründe unter Angabe der einschlägigen Rechtsnorm. (5 Punkte)
b) Klären Sie, ob die Käufer aufgrund der Sachmangelhaftung den gezahlten Kaufpreis sofort zurückverlangen können, obwohl die X-GmbH darauf besteht, die Geräte vom Hersteller reparieren zu lassen. Begründen Sie Ihre Entscheidung. (10 Punkte)
c) Beschreiben Sie die Ansprüche der Käufer, wenn die X-GmbH auf die Multifunktionsgeräte ein Jahr Garantie gibt. (5 Punkte)

Lösung
a) Die Ansprüche der Käufer bei Mängeln (Sachmangelhaftung) ergeben sich aus § 437 BGB. Diese können
  - Nacherfüllung verlangen, § 439 BGB
  - von dem Vertrag zurücktreten, §§ 440, 323 und 326 Abs. 5 BGB
  - den Kaufpreis mindern, § 441 BGB
  - Schadenersatz verlangen, §§ 440, 280, 281, 283 und 311a BGB
  - Ersatz vergeblicher Aufwendungen verlangen, § 284 BGB.
b) Verlangt der Käufer den gezahlten Kaufpreis zurück, erklärt er seinen Rücktritt vom Kaufvertrag. In diesem Fall wären die jeweils empfangenen Leistungen (Gerät und Kaufpreis) gegenseitig zurück zu gewähren, § 323 BGB (vgl. Abb. 3.6).
Allerdings kann der Käufer nicht frei aus den möglichen Ansprüchen des § 437 BGB wählen, sondern muss dem Verkäufer zunächst die Möglichkeit der Nacherfüllung einräumen, § 323 Abs. 1 BGB. Das Recht der Nacherfüllung steht dem Verkäufer nur dann nicht mehr zu, wenn
  - die vom Käufer gesetzte, angemessene Frist erfolglos abgelaufen ist,
  - der Verkäufer die Nacherfüllung verweigert,
  - die Nacherfüllung fehlgeschlagen ist. Dies ist in der Regel nach dem zweiten fehlgeschlagenen Versuch der Fall.
Die X-GmbH kann hiernach darauf bestehen, die Geräte vom Hersteller reparieren zu lassen.
c) Die Regelungen zur Beschaffenheits- und Haltbarkeitsgarantie ergeben sich aus § 443 BGB (Garantie). Die sich hieraus ergebenden Ansprüche sind unabhängig von denen der Sachmangelhaftung und richten sich hier gegen die X-GmbH, die ein entsprechendes Garantieversprechen abgegeben hat.
Innerhalb der Garantiefrist von einem Jahr garantiert der Verkäufer für eine bestimmte Dauer eine bestimmte Beschaffenheit.
Somit haben die Käufer, mangels Einschränkung der gegebenen Garantie, auch aus der Garantie einen Anspruch auf die Reparatur der Geräte innerhalb der 1-Jahres-Frist.

Kommentar: Aus der recht hohen Anzahl der hier zu vergebenden Punkte ist ersichtlich, dass in der Lösung eine ausführlichere Begründung zu erfolgen hat. Aufgabenteil a) lässt sich hier durch bloßes Abschreiben der Rechtsnorm des § 437 BGB vollumfänglich lösen. Während diese Vorschrift auch explizit zu nennen ist, kann auf die Nennung der übrigen Paragrafen verzichtet werden (hier nur der Vollständigkeit halber mit aufgeführt). Unter Aufgabenteil b) ist auch auf die Rechte der Verkäufers einzugehen (Möglichkeit der Nacherfüllung), um einen vollständigen Lösungsweg aufzuzeigen. Aufgabenteil c) lässt sich anhand des § 443 BGB vollständig lösen. Die Rechtsnorm über die Regelungen zur Garantie sollte also beherrscht werden.

Untersuchungs- und Rügepflicht
Das Handelsgesetzbuch (HGB) sieht besondere Regelungen zum Handelskauf vor, §§ 373 ff. HGB. Voraussetzung zur Anwendung dieser Vorschriften, die die Durchführung des Vertrags (Handelsgeschäft) beschleunigen und die rechtliche Stellung des Verkäufers stärken sollen, ist, dass eine (einseitiger Handelskauf) oder beide (beidseitiger Handelskauf) Vertragsparteien Kaufleute sind. Die Regelungen in den §§ 377 und 379 HGB gelten nur beim beidseitigen Handelskauf.

Aufgabe
Die X-GmbH bestellt für ihre Außendienstmitarbeiter beim Einzelunternehmer Meyer 100 Smartphones. Diese werden fristgerecht geliefert und von der X-GmbH bezahlt. Als die Smartphones kurz nach der Lieferung an die Mitarbeiter ausgegeben werden, wird festgestellt, dass sämtliche Geräte nicht voll funktionsfähig sind.
a) Erläutern Sie, welche gesetzlichen Rechte ein Käufer grundsätzlich hat, wenn die gelieferte Sache mangelhaft ist. (5 Punkte)
Beantworten Sie die Teilaufgaben b) bis e) unter der Annahme, dass der zwischen der X-GmbH und Meyer abgeschlossene Kaufvertrag für beide Parteien ein Handelsgeschäft ist.
b) Erläutern Sie, welche besonderen Pflichten sich aus diesem Sachverhalt für die X-GmbH ergeben. (3 Punkte)
c) Erläutern Sie, welche rechtliche Folge eintritt, falls die X-GmbH ihre Pflichten bezüglich der mangelhaften Kaufsache gegenüber Meyer nicht erfüllt. (2 Punkte)
d) Erläutern Sie, welche besonderen Pflichten die X-GmbH gegenüber Meyer hat, wenn die mangelnde Funktionsfähigkeit der Smartphones erst später erkannt wird, weil diese nicht sofort an die Mitarbeiter ausgegeben wurden. (3 Punkte)
e) Erläutern Sie, ob die X-GmbH ihre Ansprüche verlieren kann, wenn Meyer die Mängel an den Smartphones bereits vor Verkauf kannte und diese gegenüber der Käuferin absichtlich verschwiegen hat. (2 Punkte)

Geben Sie in Ihren Erläuterungen zu a) bis e) die jeweils einschlägigen Rechtsnormen an.

Lösung
a) Die Regelungen zur Sachmangelhaftung ergeben sich aus § 437 BGB. Hiernach kann der Käufer einer mangelhaften Sache
   - Nacherfüllung verlangen, § 439 BGB
   - von dem Vertrag zurücktreten, §§ 440, 323 und 326 Abs. 5 BGB
   - den Kaufpreis mindern, § 441 BGB
   - Schadenersatz verlangen, §§ 440, 280, 281, 283 und 311a BGB
   - Ersatz vergeblicher Aufwendungen verlangen, § 284 BGB.
b) Ist der Kauf, wie im vorliegenden Fall, für beide Seiten ein Handelsgeschäft, so hat der Käufer (X-GmbH) die Ware unverzüglich nach der Ablieferung durch den Verkäufer, soweit

dies nach ordnungsmäßigem Geschäftsgange tunlich ist, zu **untersuchen** und, wenn sich ein **Mangel** zeigt, dem Verkäufer **unverzüglich Anzeige zu machen**, § 377 Abs. 1 HGB.

c) Unterlässt der Käufer (X-GmbH) die Anzeige, so gilt die Ware als genehmigt, § 377 Abs. 2 HGB. In diesem Fall stünden der X-GmbH keine Ansprüche aus der Sachmangelhaftung (§ 437 BGB) zu.

d) War der Mangel zunächst nicht erkennbar und zeigt sich erst später, so muss die Anzeige unverzüglich nach Entdeckung gemacht werden; andernfalls gilt die Ware trotz dieses Mangels als genehmigt, § 377 Abs. 3 HGB.

e) Soweit der Verkäufer (Meyer) den Mangel arglistig verschwiegen hat, verliert der Käufer (X-GmbH) seine Ansprüche aus der Sachmangelhaftung (§ 437 BGB) nicht. Der Verkäufer kann sich in diesem Fall nicht auf die Untersuchungs- und Rügepflicht des Käufers berufen, § 377 Abs. 5 BGB.

Kommentar: Die Lösung zu a) entspricht der Lösung einer vorherigen Aufgabe zur Sachmangelhaftung. Da dieses Thema immer wieder relevant wird, wird es hier nochmals wiederholt. Da die Themenauswahl insgesamt auf relativ wenige Themenfelder begrenzt ist, kommt es in den IHK-Klausuren von Zeit zu Zeit zwangsläufig zu Wiederholungen.

Laut Aufgabenstellung sind zu allen Aufgabenteilen die jeweiligen Rechtsnormen zu benennen (hier §§ 437 ff. BGB und § 377 Abs. 1 bis 3 und Abs. 5 HGB). Diese sollten bekannt sein, um die Aufgabe überhaupt lösen zu können. Alles Weitere lässt sich dann aus dem Gesetzestext ablesen bzw. sogar abschreiben. Werden die geforderten Paragrafen nicht genannt, führt dies zwangsläufig zu Punktabzügen.

Aufgabe

Frau Schmitz betreibt einen Großhandel mit italienischen Lebensmitteln. Aufgrund eines günstigen Angebots ordert sie bei der Z-GmbH 20 Paletten mit italienischer Gemüsesuppe in Kunststoffbechern. Bei termingerechter Lieferung durch die Z-GmbH stellt Frau Schmitz fest, dass sich sämtliche Kunststoffbecher deutlich nach außen wölben, und wundert sich. Nach einigen Tagen platzen die ersten Becher, da der Inhalt sämtlicher Becher bereits zur Gärung übergegangen war. Daraufhin beschwert sich Frau Schmitz bei der Z-GmbH. Diese besteht jedoch auf Bezahlung des vollständigen Rechnungsbetrags.

Prüfen Sie, ob ein rechtlich wirksamer Zahlungsanspruch der Z-GmbH besteht und begründen Sie Ihre Entscheidung unter Angabe der Rechtsnormen. (15 Punkte)

Lösung

Zwischen Frau Schmitz und der Z-GmbH besteht ein wirksamer Kaufvertrag gemäß § 433 BGB. Da die Ware termingerecht geliefert wurde, verfügt die Z-GmbH dem Grunde nach auch über einen Anspruch auf Zahlung des Kaufpreises.

Allerdings könnte sich bei Vorliegen eines Sachmangels für Frau Schmitz ein Recht auf Verweigerung der Zahlung ergeben. Auch wenn keine besondere Beschaffenheit der Sache (Ware) vereinbart gewesen sein sollte, ergibt sich ein Sachmangel aus § 434 Abs. 1 S. 2 Nr. 2 BGB, wonach die Sache sich für die gewöhnliche Verwendung eignen muss und zudem eine Beschaffenheit aufzuweisen hat, die bei Sachen gleicher Art üblich ist und die der Käufer auch erwarten kann. Diese Sachmangelfreiheit ist bei vergorenen Lebensmitteln nicht gegeben.

Die Rechte des Käufers ergeben sich hiernach grundsätzlich nach § 437 BGB.

Da es sich hier jedoch um ein Handelsgeschäft handelt, ist zunächst zu prüfen, ob Frau Schmitz ihrer Untersuchungs- und Rügepflicht nach § 377 HGB nachgekommen ist. Dies ist allerdings nicht der Fall. Obwohl bei Lieferung ersichtlich war, dass sich die Kunststoffbecher deutlich nach außen wölbten und etwas mit der Ware nicht stimmen konnte, wurde der erkennbare Mangel nicht angezeigt. Da der Verkäufer den Mangel auch nicht arglistig verschwiegen hat (§ 377 Abs. 5 HGB), gilt die Ware als genehmigt (§ 377 Abs. 2 HGB).

Als Folge besteht der Zahlungsanspruch der Z-GmbH nach wie vor, auch wenn die Ware für Frau Schmitz unbrauchbar ist (Verletzung der Sorgfaltspflicht im Sinne des § 347 HGB).

Kommentar: Auch bei der Lösung dieser Aufgabe reicht ein bloßes Ja oder Nein selbstverständlich nicht aus. Dies erschließt sich schon aus der Höhe der zu vergebenden Punkte. Der Lösungsweg startet bei der grundsätzlichen Frage, ob ein wirksamer Kaufvertrag vorliegt. Erst hiernach ergeben sich die weiteren Rechtsfolgen bezüglich des Sachmangels und der Untersuchungs- und Rügepflicht. Diese Einzelheiten lassen sich aus der Aufgabestellung selbst nicht ableiten, stellen aber übliche Klausurtechnik/Lösungstechnik dar. Deren Beherrschung wird ebenso vorausgesetzt, wie die Kenntnis der einschlägigen Rechtsnormen.

3.1.2.4 Weitere Vertragsarten

Online-Kaufvertrag
Beim Online-Kaufvertrag, z. B. beim Kauf von Schuhen oder Büchern bei einem Online-Versandhandel, gelten, neben den allgemeinen Regelungen zum Kaufvertrag, u. a. noch besondere Regelungen zum Widerruf und zum Rückgaberecht.

Miet- und Pachtvertrag
Der **Mietvertrag** bezieht sich auf die zeitlich begrenzte Überlassung des Gebrauchs von Sachen gegen Entgelt. Er begründet seinem Wesen nach ein Dauerschuldverhältnis (§§ 535 ff. BGB).

Der **Unterschied** zu einem **Pachtvertrag** besteht darin, dass dieser auch die Möglichkeit der **Fruchtziehung** (Ertrag) beinhaltet (§§ 581 ff. BGB) und die Kündigungsfristen frei ausgehandelt werden können.

Beispiel
Ein Landwirt pachtet einen Acker, weil er die Erträge (z. B. Getreide) selbst verwerten möchte.

Aufgabe
Ein Vermieter schließt am 25.09.2015 mit einem Mieter einen schriftlichen Mietvertrag über die Vermietung einer Lagerhalle. Das Mietverhältnis soll am 01.10.2015 beginnen. Als monatliche Miete wird ein Betrag von 100 € in den Mietvertrag eingetragen. Am Tag vor der Schlüsselübergabe stellt der Vermieter am 29.09.2015 fest, dass er die monatliche Miete mit einem falschen Betrag eingetragen hat. Beabsichtigt war eigentlich, die Lagerhalle für 1.000 € im Monat zu vermieten, was auch der ortsüblichen Miete entsprechen würde.

Daraufhin erklärt der Vermieter dem Mieter unverzüglich, dass er den Mietvertrag, wegen der falsch eingetragenen Monatsmiete, anfechte.
Erläutern Sie
▸ ob die Anfechtung wirksam ist,
▸ ob der Mieter aus dem geschlossenen Vertrag einen Erfüllungsanspruch hat.

Die Nennung der Rechtsnormen ist nicht erforderlich.   (18 Punkte)

Lösung

Grundsätzlich hat der Mieter aus dem geschlossenen Mietvertrag zunächst einen Erfüllungsanspruch auf Überlassung der Lagerhalle, § 535 Abs. 1 BGB. Dies jedoch nur, wenn die Anfechtung des Vermieters nicht wirksam ist.

Die Anfechtung wäre wirksam, wenn
- ein Anfechtungsgrund gegeben ist und
- eine Anfechtungserklärung
- innerhalb der gesetzlichen Frist erfolgte.

Anfechtungsgrund: Der Eintrag der falschen Monatsmiete stellt einen Anfechtungsgrund dar, da der Vermieter diese Erklärung überhaupt nicht abgeben wollte, § 119 Abs. 1 BGB.

Anfechtungserklärung: Der Vermieter hat dem Mieter am 29.09. die Anfechtung ausdrücklich erklärt, § 143 Abs. 1 BGB.

Frist: Die Anfechtung erfolgte unverzüglich, nachdem der Vermieter vom Anfechtungsgrund (falscher Eintrag der Monatsmiete) Kenntnis erlangt hat, § 121 Abs. 1 BGB.

Im Ergebnis werden die Voraussetzungen für eine wirksame Anfechtung erfüllt. Dies hat zur Folge, dass das angefochtene Rechtsgeschäft (Mietvertrag) von Anfang an als nichtig anzusehen ist, § 142 Abs. 1 BGB. Der Mieter hat aus dem Mietvertrag also keinen Erfüllungsanspruch und folglich keinen Anspruch auf Überlassung der Lagerhalle für 100 € im Monat.

Kommentar: Sowohl die recht hohe Punktevergabe (18 Punkte), als auch die Aufgabenstellung **Erläutern** deuten darauf hin, dass hier eine umfangreichere Lösung anhand eines nachvollziehbaren Lösungswegs zu erfolgen hat. Zu erläutern sind hier sowohl die **Wirksamkeit der Anfechtung**, als auch der **Erfüllungsanspruch**. Zwar sind laut Aufgabenstellung die einschlägigen Paragrafen nicht zu nennen (und werden hier in der Lösung der Vollständigkeit und zur besseren Nachvollziehbarkeit genannt), jedoch ist deren Kenntnis für die Lösung der Aufgabe zwingend erforderlich. Im Ergebnis lässt sich die Lösung vollständig aus den genannten Vorschriften ableiten.

Ratenkauf und Leasing

Beim **Ratenkauf** wird zwischen Gläubiger und Schuldner eine Vereinbarung getroffen, nach der die Schuld durch ratenweise Zahlungen getilgt wird.

Der **Leasingvertrag** ist eine besondere Form des Mietvertrages. Aus steuer- oder betriebswirtschaftlichen Gründen werden Betriebsmittel oder Gebrauchsgegenstände vom Leasinggeber »gemietet«. Der bleibt rechtlicher Eigentümer.

Der Leasingnehmer zahlt für die Überlassung die Leasingraten. Dadurch entsteht kein Kapitalabfluss wie bei einer Investition.

Der Unterschied zum Mietvertrag liegt darin, dass der Leasingnehmer die Gefahr des Untergangs des Leasinggutes trägt. Oft übernimmt er auch die Kosten für Wartung und Erhaltung, z. B. beim Pkw-Leasing.

Darlehensvertrag

> **Definition**
> Ein Darlehen ist ein schuldrechtlicher Vertrag, bei dem der Darlehensgeber dem Darlehensnehmer Geld oder vertretbare Sachen zur vorübergehenden Nutzung überlässt.

Der Darlehensnehmer kann mit den Gegenständen nach Belieben verfahren. Er ist verpflichtet, dem Darlehensgeber die Geldschuld bzw. eine gleichwertige Sache bei Fälligkeit zurückzuerstatten (§ 488 BGB).

Beispiel
Thomas »leiht« sich bei seiner Nachbarin fünf Eier, weil er einen Kuchen backen will. Vereinbarungsgemäß bringt er ihr zwei Tage später fünf Eier zurück. Es handelt sich um einen Darlehensvertrag, weil er nicht genau die fünf Eier zurück bringt, die er verbraucht hat, sondern eine gleichwertige Sache.

Dienstvertrag

> **Definition**
> Durch einen Dienstvertrag (§§ 611 ff. BGB) verpflichtet sich eine Partei gegenüber der anderen zur persönlichen Leistung der versprochenen Dienste.

Geschuldet wird die Leistung, nicht (wie beim Werkvertrag) der Erfolg.

In der Regel handelt es sich um ein Dauerschuldverhältnis. Wenn der Dienstvertrag vor Erbringung der Leistung beendet werden soll, ist eine Kündigung erforderlich. Die wichtigste Form des Dienstvertrages ist der Arbeitsvertrag, der allerdings durch Sondervorschriften des Arbeitsrechts bestimmt wird.

Beispiele
Verträge mit einem Arzt oder Krankenhaus, mit einem Rechtsanwalt, Unterrichtsverträge, Mobilfunk-Verträge und Versicherungsverträge.

Werkvertrag

> **Definition**
> Bei einem Werkvertrag (§§ 631 ff. BGB) verpflichtet sich eine Partei zur Herstellung eines Werkes.

Geschuldet wird der Erfolg. Die Leistung muss nicht selbst erbracht werden, auch ein Gehilfe oder ein Beauftragter können das Werk erstellen. Die andere Partei muss die vereinbarte Vergütung zahlen. Die Fälligkeit tritt mit der Abnahme des Werkes ein.

Beispiele
Bau- und Reparaturarbeiten, handwerkliche Arbeiten (z. B. Tapezieren oder Anfertigen eines Maßanzuges), Transportleistungen und die Herstellung von künstlerischen Werken.
Die wesentlichen Unterschiede zwischen Dienst- und Werkvertrag sind in Abbildung 3.3 nochmals zusammengefasst.

Der **Leistungsort** ist der Ort, an dem der Schuldner die versprochene Leistung zu erbringen hat, § 269 BGB.
- Vertraglicher Erfüllungsort: Der Erfüllungsort wird von den Vertragspartnern vereinbart. Beispiel: »Der Erfüllungsort ist für beide Teile München.«
- Natürlicher Erfüllungsort: Der Erfüllungsort ergibt sich aus den jeweiligen Umständen. Beispiele: Heizöllieferung, Handwerkerleistung.

3 Recht und Steuern

▸ Gesetzlicher Erfüllungsort: Erfüllungsort ist der Wohnsitz bzw. die gewerbliche Niederlassung des Schuldners.

	Abgrenzung	
	Dienstvertrag	Werkvertrag
Geschuldete Leistung	Tätigkeit	Erfolg
Leistungserbringung	persönlich	persönlich oder durch Beauftragte
Regelungen bei Mängeln	keine	Nacherfüllung Schadenersatz
Vorschriften	§§ 611–630 BGB	§§ 631–651 BGB

Abb. 3.3: Dienstvertrag und Werkvertrag

Aufgabe

Aus dem BGB ergeben sich unterschiedliche Vertragsarten. Erläutern Sie, unter Angabe der jeweiligen Vorschrift, die vertragstypischen Leistungspflichten des

a) Kaufvertrags (4 Punkte)
b) Darlehensvertrags (Zahlungsmittel) (4 Punkte)
c) Dienstvertrags (4 Punkte)
d) Werkvertrags (4 Punkte)

Lösung

a) Kaufvertrag, § 433 BGB:
Der Verkäufer ist verpflichtet, die Sache dem Käufer mängelfrei zu übergeben und ihm das Eigentum an der Sache zu verschaffen. Der Käufer ist verpflichtet, den vereinbarten Kaufpreis zu zahlen und die gekaufte Sache abzunehmen.

b) Darlehensvertrag, § 488 BGB:
Der Darlehensgeber ist verpflichtet, dem Darlehensnehmer einen Geldbetrag in der vereinbarten Höhe zur Verfügung zu stellen. Der Darlehensnehmer ist verpflichtet, den geschuldeten Zins zu zahlen und bei Fälligkeit das Darlehen zurückzuzahlen.

c) Dienstvertrag, § 611 BGB:
Der Dienstverpflichtete ist zur Leistung der versprochenen Dienste verpflichtet. Der Dienstberechtigte ist zur Gewährung (Zahlung) der vereinbarten Vergütung verpflichtet.

d) Werkvertrag, § 631 BGB:
Der Unternehmer ist zur Herstellung des versprochenen Werkes verpflichtet. Der Besteller ist zur Entrichtung der vereinbarten Vergütung verpflichtet.

Kommentar: Die geforderte Lösung lässt sich vollständig aus dem Gesetzestext ableiten bzw. abschreiben. Die Kenntnis der entsprechenden Fundstellen wird also vorausgesetzt. Neben der Nennung der jeweiligen Vorschrift ist zu beachten, dass die Pflichten **beider** Vertragsparteien zu beschreiben sind.

3.1.2.5 Leistungsstörungen und Haftung

Wenn der Schuldner aus Vorsatz oder Fahrlässigkeit die vereinbarte Leistung nicht erbringen kann, haftet er für die Leistungsstörung. Abbildung 3.4 stellt die möglichen Fälle gegenüber.

Recht und Steuern

	Beschreibung	Folge	Gesetzliche Regelung	Beispiel
Nicht-erfüllung	Die Leistungserbringung ist ganz oder teilweise unmöglich	Keine Erfüllungspflicht (§ 275)	Rücktritt vom Vertrag (§ 326) Schadenersatz (§§ 280, 276, 278)	Ein bestimmtes Schmuckstück, das geliefert werden sollte, wird gestohlen
Verzug	Der Schuldner könnte noch leisten	Erfüllungspflicht besteht weiter	Rücktritt vom Vertrag, Schadenersatz (§§ 280, 281, 286, 323, 346 ff.)	Lieferung von Weihnachtsbäumen im Januar
Schlecht-erfüllung	Der Schuldner hat seine Leistung schlecht erbracht	Nacherfüllung Nachbesserung	Schadenersatz bei Verschulden (§ 280)	Dach bleibt nach Reparatur undicht

Abb. 3.4: Leistungsstörungen

Verzug des Schuldners

> **Definition**
> Ein Schuldner kommt in Verzug, wenn er nicht rechtzeitig leistet, obwohl die Leistung fällig (und ggfs. angemahnt) ist.

Er haftet für Fahrlässigkeit während der Verzugsdauer und muss den Verzögerungsschaden ersetzen. Die gesetzlichen Regelungen finden sich in § 286 BGB (Verzug des Schuldners), § 287 BGB (Verantwortlichkeit während des Verzugs) und § 288 BGB (Verzugszinsen und sonstiger Verzugsschaden). Bei der Verzinsung ist zu unterscheiden, ob es sich beim Schuldner um einen

- Verbraucher im Sinne des § 13 BGB (natürliche Person, die ein Rechtsgeschäft zu überwiegend privaten Zecken abschließt) oder
- um einen Unternehmer im Sinne des § 14 BGB handelt.

Beispiel
Der Kaufpreis wird zu einem fest vereinbarten Zeitpunkt nicht gezahlt.

Aufgabe
Die X-GmbH hat am 13.02.2015 auftragsgemäß je einen Rasenmäher an die Y-GmbH und an den Privatkunden Müller geliefert. Laut beigefügter Rechnung vom gleichen Tage wird Herrn Müller ein Zahlungsziel bis zum 13.03.2015 ausgewiesen, während in der Rechnung an die Y-GmbH, ebenfalls vom 13.02.2015, kein Zahlungsziel genannt wird.

Bis zum 31.03.2015 kann die X-GmbH von beiden Kunden keinen Zahlungseingang verzeichnen, da beide Kunden die Zahlung vergessen haben. Eine Mahnung ist bisher jeweils noch nicht erfolgt.

Erläutern Sie,
a) ob die Y-GmbH trotz fehlenden Zahlungsziels in Verzug geraten ist, (8 Punkte)
b) ob der Privatkunde Müller in Verzug geraten ist, (6 Punkte)
c) falls jeweils Zahlungsverzug eingetreten ist, welche gesetzlichen Zinssätze die X-GmbH von ihrem jeweiligen Kunden einfordern könnte. (4 Punkte)

Geben Sie in den Lösungen zu den Aufgabenteilen a) bis c) auch die jeweiligen Rechtsnormen an.

Lösung

a) Da mit dem Kunden Y-GmbH kein Zahlungsziel vereinbart war, ist die Leistung (Zahlung) sofort fällig, § 271 Abs. 1 BGB. Die Nichtzahlung ist von der Y-GmbH zu vertreten, da die Zahlung schlicht vergessen wurde.

Nach § 286 Abs. 3 BGB kommt der Schuldner einer Entgeltforderung – hier die Y-GmbH – spätestens in Verzug, wenn er die Zahlung nicht innerhalb von 30 Tagen nach Fälligkeit und Zugang einer Rechnung leistet. Eine gesonderte Mahnung ist in diesem Fall nicht erforderlich.

Die Y-GmbH als Unternehmer im Sinne des § 14 BGB braucht auf diese 30-Tages-Frist auch nicht gesondert hingewiesen werden. Ein solcher Hinweis ist nur bei Kunden erforderlich, die Verbraucher im Sinne des § 13 BGB sind.

Im Ergebnis ist die Y-GmbH also mit Ablauf der 30-Tages-Frist bereits in Verzug geraten.

b) Herr Müller ist mit Ablauf des 13.03.2015 in Zahlungsverzug geraten, da er innerhalb des Zahlungsziels keine Zahlung geleistet und dies auch zu vertreten hat. Die üblicherweise für den Verzug erforderliche Mahnung ist hier nicht notwendig, da für die Leistung (Zahlung) eine Zeit nach dem Kalender bestimmt worden ist, § 286 Abs. 2 Nr. 1 BGB.

Die Höhe der Verzinsung (Verzugszinsen) regelt § 288 BGB.

c) Für die Y-GmbH als Unternehmen im Sinne des § 14 BGB beträgt der Zinssatz für Entgeltforderungen neun Prozentpunkte über dem Basiszinssatz, § 288 Abs. 2 BGB.

Für Herrn Müller als Verbraucher im Sinne des § 13 BGB (natürliche Person, die ein Rechtsgeschäft zu überwiegend privaten Zecken abschließt), beträgt der Zinssatz für das Jahr fünf Prozentpunkte über dem Basiszinssatz.

Kommentar: Auch hier deutet die recht hohe Punktevergabe (18 Punkte) wieder darauf hin, dass die Ausführungen in der Lösung etwas umfangreicher zu erfolgen haben. Um zu entscheiden, ob zum 31.03.2015 Zahlungsverzug eingetreten ist, ist zunächst der Zeitpunkt der Fälligkeit zu klären. Erst hiernach kann eine Entscheidung zum Verzug getroffen werden. Laut Aufgabenstellung sind zudem die jeweiligen Rechtsnormen zu benennen. Diese sollten bekannt sein, um die Aufgabe überhaupt lösen zu können. Alles Weitere lässt sich dann aus dem Gesetzestext ablesen. Werden die geforderten Paragrafen nicht genannt, führt dies zwangsläufig zu Punktabzügen.

Gleiches gilt für die Frage zu den Verzugszinsen. Die Kenntnis des § 288 BGB wird hier vorausgesetzt. Auch hier sollte nicht vergessen werden, die Rechtsnorm zu nennen.

Unmöglichkeit der Leistung

Wenn dem Schuldner die versprochene Leistung unmöglich wird, kann der Gläubiger statt der Leistung Schadenersatz verlangen. Die drei Formen der Unmöglichkeit der Leistung zeigt Abbildung 3.5.

Fälle der Unmöglichkeit	Beschreibung	Beispiel
objektive	Weder der Schuldner noch ein anderer kann die Leistung erbringen	Ein vermietetes Haus ist durch Feuer zerstört
faktische	Leistung ist möglich, aber unzumutbar	Ein Koffer geht bei einem Kreuzfahrtschiff über Bord
persönliche	Leistung ist grundsätzlich möglich, aber nicht zumutbar	Tätlicher Übergriff durch einen Kunden

Abb. 3.5: Fälle der Unmöglichkeit der Leistung

Schadensersatz durch Pflichtverletzung

> **Definition**
> Eine Pflichtverletzung liegt vor, wenn der Schuldner anders handelt als vereinbart,
> ▸ weil er seine Leistung nicht oder nicht rechtzeitig erbringt oder
> ▸ weil die Leistung in ihrer Menge, ihrer Qualität oder aus anderen Gründen hinter der geschuldeten Leistung zurückbleibt.

Der Gläubiger kann in diesen Fällen Schadensersatz gemäß § 280 BGB verlangen.

Aufgabe
Frau Müller betreibt einen Kurierdienst und bestellt am 2.11.2015 beim Autohaus Schmitz (Einzelfirma) einen neuen Transporter, um die Aufträge eines neuen Großkunden bedienen zu können. Als spätester Liefertermin ist der 27.11.2015 vereinbart. Der Verkäufer hat sich jedoch versehentlich einen späteren Liefertermin notiert, sodass sich Frau Schmitz ab dem 27.11.2015 für drei Tage einen Transporter mieten muss. Das Mietwagenunternehmen stellt hierfür 300 € in Rechnung.

Prüfen Sie, ob Frau Müller vom Autohaus Schmitz die Erstattung der entstandenen Kosten von 300 € verlangen kann. Begründen Sie Ihre Entscheidung unter Angabe der rechtlichen Grundlagen. (20 Punkte)

Lösung
Mit der Bestellung und der Auftragsbestätigung ist ein wirksamer Kaufvertrag zustande gekommen, § 433 BGB. Aufgrund der getroffenen Vereinbarung ist der Verkäufer verpflichtet, den Transporter bis spätestens 27.11.2015 zu liefern.

Da der Verkäufer diese Verpflichtung verletzt hat, kann die Käuferin Schadensersatz verlangen, § 280 Abs. 1 BGB. Voraussetzung ist allerdings, dass der Verkäufer die Pflichtverletzung auch zu vertreten hat, § 280 Abs. 1 S. 2 BGB. Dies ist laut Sachverhalt der Fall, da die Handlung des Verkäufers zumindest fahrlässig war, § 276 Abs. 2 BGB.

Hier ist der Schaden wegen Verzögerung der Leistung eingetreten, § 280 Abs. 2 BGB, sodass zu prüfen ist, ob durch die Nichtlieferung bereits Verzug nach § 286 BGB eingetreten ist. Einer gesonderten Mahnung bedarf es im vorliegenden Fall nicht, da für die Leistung eine Zeit nach dem Kalender bestimmt ist, § 286 Abs. 2 Nr. 1 BGB.

Im Ergebnis befindet sich der Verkäufer in Verzug, sodass die Käuferin für die entstanden Kosten aus der Anmietung des Transporters Schadensersatz (Verzögerungsschaden) in Höhe von 300 € verlangen kann.

Kommentar: Die Höhe der hier zu vergebenden Punkte weist darauf hin, dass die Begründung etwas ausführlicher erfolgen muss. Zunächst einmal ist darauf hinzuweisen, dass ein gültiger Kaufvertrag vorliegt. Erst hiernach folgt die Prüfung, ob sich aus diesem Rechtsgeschäft Schadensersatzansprüche ableiten lassen. Die Regelungen zum Schadensersatz und zum Verzug müssen beherrscht werden. Die einschlägigen rechtlichen Grundlagen sollten bekannte sein und sind hier explizit zu nennen.

Aufgabe

Herr Maier nutzt für seinen Weg zum Flughafen als Fahrgast den Kleinbus eines Shuttle-Service (Einzelunternehmen). Aufgrund zu hoher Geschwindigkeit verursacht der Fahrer des Kleinbusses einen Unfall, bei dem Herr Maier verletzt wird. Darüber hinaus wird der Pkw des nicht schuldhaft am Unfall Beteiligten Herrn Müller beschädigt.
a) Erläutern Sie, auf welchen beiden rechtlichen Grundlagen Herr Maier Anspruch auf Schadensersatz gegen den Shuttle-Service haben könnte. (8 Punkte)
b) Erläutern Sie, auf welcher rechtlichen Grundlage der Unfallbeteiligte Herr Müller Anspruch auf Schadensersatz gegen den Shuttle-Service haben könnte. (8 Punkte)
c) Erläutern Sie darüber hinaus, ob auch ein 6-jähriges Kind Schadensersatz leisten müsste, wenn es mit seinem Fahrrad einen Schaden verursacht hätte. (4 Punkte)

Lösung

a) Zum einen könnte Herr Maier seinen Anspruch auf Schadensersatz auf § 280 Abs. 1 BGB stützen, da der Shuttle-Service durch den wegen überhöhter Geschwindigkeit verursachten Unfall die Pflichten aus dem geschlossenen Vertrag schuldhaft verletzt hat. Hierdurch ist Herrn Maier ein Schaden (Verletzung) entstanden.
Zum anderen könnte Herr Maier seinen Anspruch auf Schadensersatz auf § 823 Abs. 1 BGB stützen, da die Verletzung von Körper und Gesundheit durch die – zumindest fahrlässige – Handlung des Shuttle-Service verursacht wurde.
b) Herr Müller hat einen Anspruch auf Schadensersatz nach § 823 Abs. 1 BGB (unerlaubte Handlung).
Durch den wegen überhöhter Geschwindigkeit verursachten Unfall wurde das Eigentum (Rechtsgut) des Herrn Müller verletzt (beschädigt). Diese Verletzung erfolgte widerrechtlich, da ein Rechtfertigungsgrund nicht besteht. Darüber hinaus erfolgte die Rechtsgutverletzung fahrlässig, da der Fahrer des Shuttle-Service die im Verkehr erforderliche Sorgfalt außer Acht gelassen hat, § 276 Abs. 2 BGB.
c) Ein 6-jähriges Kind ist minderjährig und für einen Schaden, das es einem anderen zufügt, nicht verantwortlich, § 828 Abs. 1 BGB. Es müsste also keinen Schadensersatz leisten.

Kommentar: Bei der Lösung des Aufgabenteils a) ist zu beachten, dass zu beiden in der Aufgabenstellung geforderten möglichen Anspruchsgrundlagen Stellung bezogen wird. Andernfalls sind Punktabzüge die Folge. Zwar sind die Rechtsnormen hier laut Aufgabenstellung nicht zu nennen und werden in der Lösung nur der Vollständigkeit halber genannt. Jedoch lassen sich die Aufgabenteile a) bis c) nahezu vollständig anhand des Gesetzestextes lösen, sodass dieser in jedem Fall bekannt sein sollte.

Aufgabe

Die X-AG (Köln) sendet am 2.05.2014 eine Preisanfrage an die Electronic GmbH (Aachen) über die Lieferung von 20 Laptops. Am 7.05.2014 erhält die X-AG das gewünschte Angebot und bestellt die Laptops am folgenden Tag. Am 10.05.2014 bestätigt die Electronic GmbH den Auftrag und versendet die Laptops am gleichen Tag per Kurierdienst unter Übernahme der Versandkosten »frei Haus«. Aus der Sendungsverfolgung erkennt die X-AG am 15.05.2014, dass die Laptops beim Kurierdienst verloren gegangen sind und daher nicht mehr ausgeliefert werden können.

a) Nennen Sie die Rechtshandlungen, die zum Vertragsschluss geführt haben und das Datum, an dem der Vertrag zustande gekommen ist. (3 Punkte)
b) Nennen Sie die gesetzlichen Pflichten, die beim Abschluss eines Kaufvertrags auf Seiten des Käufers und Verkäufers entstehen. (4 Punkte)
c) Erläutern Sie, ob die X-AG gegenüber der Electronic GmbH einen Anspruch auf Lieferung von 20 anderen Laptops hat. Geben Sie in Ihrer Lösung auch die einschlägigen Rechtsnormen an. (15 Punkte)

Lösung

a) 1. Rechtshandlung: Bestellung
2. Rechtshandlung: Auftragsannahme/Auftragsbestätigung
Der Vertragsschluss findet am 10.05.2014 statt.

b) Pflicht des Verkäufers: Übergabe und Übereignung der Ware an den Käufer in mängelfreiem Zustand
Pflicht des Käufers: Abnahme der Ware und Zahlung des vereinbarten Kaufpreises

c) Ein Anspruch auf Lieferung von 20 anderen Laptops bestünde nur dann, wenn die Electronic GmbH ihrer Leistungsverpflichtung (Lieferung) noch nicht nachgekommen wäre.
Mit Vertragsschluss liegt ein Kaufvertrag vor (Versendungskauf), § 433 BGB. Erfüllungsort ist Aachen, § 269 BGB. Dass die Electronic GmbH die Versandkosten übernimmt (Lieferung »frei Haus«) ist hierbei nicht von Bedeutung, § 269 Abs. 3 BGB.
Der Gefahrübergang erfolgt bei der Versendung an einen vom Erfüllungsort (Aachen) abweichenden Ort (Köln) mit Übergabe an den Kurierdienst (Spediteur), § 447 BGB.
Mit dieser Übergabe hat die Electronic GmbH ihre Pflicht als Verkäuferin erfüllt, § 362 BGB. Eine weitere Leistungspflicht besteht somit nicht, sodass die X-AG keinen Anspruch auf eine Ersatzlieferung von 20 anderen Laptops hat.

Kommentar: Diese Aufgabe besteht aus den drei Teilaufgaben a) bis c), die getrennt beantwortet werden müssen. Wichtig ist hier genaues Lesen der Aufgabenstellung, da unter a) neben den beiden Rechtshandlungen auch das Datum des Vertragsschlusses genannt werden muss sowie unter b) die Pflichten des Käufer **und** des Verkäufers. Zu c) sind, anders als zu den vorhergehenden Aufgabenteilen auch die einschlägigen Rechtsnormen zu nennen, die in der Korrektur auch gesondert ausgepunktet werden. Dieser Lösungsteil erfordert also kein bloßes Ja oder Nein, sondern einen detaillierten Lösungsweg vom Vorliegen eines Kaufvertrags, über den Erfüllungsort, bis hin zum Gefahrenübergang und Erfüllung der Leistungsverpflichtung. Diese recht umfangreiche Lösung ergibt sich zunächst nicht unbedingt aus der Aufgabenstellung, lässt sich aber anhand der relativ hohen Punktzahl ableiten.

Rücktritt

> **Definition**
> Bei einem Rücktritt werden alle Wirkungen des Geschäftes aufgehoben, eventuell bereits erbrachte Leistungen müssen zurückgewährt werden.

Beispiele sind: Anzahlung, Teillieferung.
Die möglichen Gründe für einen Rücktritt sind in Abbildung 3.6 beschrieben.

Fälle	Beispiel	Regelung
Leistung wird nicht erbracht	Handwerker erscheinen auch nach Fristsetzung nicht.	§ 323 Abs. 1
Offensichtliche Nichterbringung	Bauarbeiten, die 3 Monate in Anspruch nehmen, sind 2 Wochen vor vereinbarter Fertigstellung noch nicht begonnen worden.	§ 323 Abs. 4
Herausgabe ist nicht mehr möglich	Das gekaufte antike Möbelstück wird gestohlen.	§ 346 Abs. 2

Abb. 3.6: Rücktrittsgründe

Aufgabe

Spediteur Sommer erweitert seinen Fuhrpark und erwirbt beim örtlichen Gebrauchtwagenhändler einen gebrauchten, unfallfreien Transporter zum Preis von 20.000 € auf Rechnung. Den sofort fälligen Betrag verspricht Sommer am nächsten Tag zu überweisen. Den Transporter nimmt Sommer sofort mit. Bereits am Tag nach Übergabe des Fahrzeugs wird in der Werkstatt festgestellt, dass es sich tatsächlich um einen Unfallwagen handelt, was Sommer nicht erkennen konnte, einem Fachmann jedoch sofort aufgefallen wäre. Der Marktwert des Transporters liegt hiernach bei lediglich 15.000 €.

Da Sommer drei Wochen nach Mitnahme des Fahrzeugs die Rechnung noch nicht bezahlt hat, beauftragt der Verkäufer seinen Rechtsanwalt, die Forderung geltend zu machen. Dieser fordert Sommer schriftlich auf, den Rechnungsbetrag zzgl. Verzugszinsen i. H. v. 9 % (jährlich) über dem Basiszins zu begleichen. Zudem fordert er von Sommer die Begleichung der entstandenen Anwaltskosten. Sommer wendet ein, dass er den Anwalt nicht beauftragt habe und dass die geltend gemachten Verzugszinsen überhöht seien.

a) Prüfen Sie, ob Sommer die geltend gemachten Mahnkosten des Anwalts begleichen muss.
(8 Punkte)
b) Prüfen Sie, ob die Auffassung Sommers, die Verzugszinsen seien überhöht, zutreffend ist.
(3 Punkte)
c) Prüfen Sie, ob Sommer gegenüber dem Verkäufer ein Nacherfüllungsanspruch zusteht.
(8 Punkte)
d) Prüfen Sie, ob Sommer vom Kaufvertrag zurücktreten kann. (6 Punkte)
  Begründen Sie Ihre Entscheidungen unter Angabe der jeweiligen Rechtsnormen.

Lösung

a) Der Anspruch auf Ersatz der Mahnkosten ergibt sich aus § 280 Abs. 1 und 2 und § 286 Abs. 1 BGB. Zwar hat Sommer die sofort fällige Rechnung nicht bezahlt, jedoch befindet er sich noch nicht in Verzug, da die Frist nach § 286 Abs. 2 BGB (30 Tage) noch nicht abgelaufen ist. Eine verzugsbegründende Mahnung im Sinne des § 286 Abs. 1 BGB erfolgte erstmals mit Schreiben des Anwalts, sodass für die hieraus resultierenden Mahnkosten kein Ersatzanspruch besteht.

b) Die Auffassung Sommers ist nicht zutreffend. Die geltend gemachten Verzugszinsen entsprechen der Regelung des § 288 Abs. 2 BGB, da an dem Rechtsgeschäft (Kaufvertrag) kein Verbraucher beteiligt ist.

c) Ein Nacherfüllungsanspruch wegen des festgestellten Mangels könnte sich aus § 437 Nr. 1 BGB i. V. m. § 439 BGB ergeben (Beseitigung des Mangels). Es liegt sowohl ein gültiger Kaufvertrag (§ 433 BGB), als auch ein Sachmangel (§ 434 BGB) vor, da der Transporter nicht die vereinbarte Beschaffenheit hat.
Ein Nacherfüllungsanspruch besteht jedoch nicht, da eine Nachbesserung oder Ersatzlieferung für jedermann unmöglich ist, § 275 Abs. 1 BGB.

d) Sommer kann vom Vertrag zurücktreten, § 437 Nr. 2 BGB und § 349 BGB, da der Mangel nicht behebbar ist, § 326 Abs. 5 BGB, der Verkäufer seine Leistung nicht vertragsgemäß erbracht hat und es sich auch nicht um eine unerhebliche Pflichtverletzung handelt, § 323 Abs. 1 und Abs. 5 BGB.

Kommentar: Die recht hohe Punktevergabe deutet darauf hin, dass die Lösung etwas umfangreicher und insbesondere auch unter Nennung der Rechtsnormen zu erfolgen hat. Kenntnisse über Mahnung/Verzug und Sachmangel/Rücktritt sowie deren rechtliche Grundlagen werden also vorausgesetzt. Im Ergebnis lässt sich die geforderte Lösung dann nahezu vollständig aus dem Gesetzestext herleiten bzw. abschreiben.

Widerrufsrecht

> **Definition**
> Durch einen Widerruf kann ein Verbraucher – innerhalb der gesetzlichen Fristen – eine Erklärung zurücknehmen, die zu einem Schuldverhältnis geführt hatte.

Die Widerrufsfrist beträgt bei Verbraucherverträgen 2 Wochen. Sie beginnt, wenn dem Verbraucher eine entsprechende Belehrung über sein Widerrufsrecht schriftlich mitgeteilt worden ist und erlischt spätestens sechs Monate nach Vertragsschluss.

Die Rechtsfolgen des Widerrufs sind in § 357 BGB geregelt: Es ist kein wirksamer Vertrag geschlossen worden, folglich muss erhaltene Ware unbenutzt und unbeschädigt zurückgegeben werden.

3.1.3 BGB Sachenrecht

Im BGB-Sachenrecht werden Begründung, Inhalt und Übertragung von Eigentum und Besitz geregelt. Diese dinglichen Rechte wirken gegenüber jedermann. Es herrscht keine Gestaltungsfreiheit, sondern Inhalts- und Formzwang.

3.1.3.1 Eigentum und Besitz

Der Eigentümer hat das umfassendste Herrschaftsrecht über eine Sache, während der Besitzer über die tatsächliche Gewaltausübung verfügt. Die wesentlichen Unterschiede sind in Abbildung 3.7 zusammengefasst.

3 Recht und Steuern

	Eigentum		**Besitz**	
Arten	Alleineigentum (§ 903 BGB)		Unmittelbarer (§ 854 BGB)	Tatsächliche Gewalt über eine Sache
	Miteigentum (§§ 1008 ff. BGB)	als Gesamteigentum (z. B. Erbengemeinschaft) oder nach Bruchteilen (z. B. Eigentümergemeinschaft)	Mittelbarer (§ 868 BGB)	Sache auf Zeit überlassen (z. B. Miete u. Pacht)
			Besitzdiener (§ 855 BGB)	übt die tatsächliche Gewalt für einen anderen aus
Erwerb	an beweglichen Sachen	Einigung und Übergabe	Erlangung der tatsächlichen Gewalt	
	an Grundstücken	Auflassung und Eintragung im Grundbuch		
	an Rechten	Einigung und Zession (§§ 398, 413 BGB)		
	Besitzkonstitut	Ehemaliger Eigentümer bleibt Besitzer		
Verlust			Verlust der tatsächlichen Gewalt	freiwillig oder unfreiwillig

Abb. 3.7: Eigentum und Besitz

Aufgabe

Frau Schmitz betreibt mit mehreren Mitarbeitern eine Cateringfirma in Form eines Einzelunternehmens. Eine der Mitarbeiterinnen entwendet aus dem umfangreichen Bestand der Betriebs- und Geschäftsausstattung einen großen Gasgrill, in der Hoffnung, dass dies nicht auffällt. Die Mitarbeiterin verkauft den Gasgrill an einen guten Bekannten und versichert ihm, dass es sich hierbei um ein im Unternehmen nicht mehr benötigtes Gerät handelt, welches sie selbst günstig erworben habe.
a) Beschreiben Sie, was Sie rechtlich verstehen unter den Begriffen
   - Eigentum und
   - Besitz. (8 Punkte)
b) Erläutern Sie, ob Frau Schmitz vom Bekannten der Mitarbeiterin die Herausgabe des Gasgrills (§ 985 BGB) verlangen kann. (14 Punkte)
Nennen Sie zu den Aufgabenteilen a) und b) auch die einschlägigen Rechtsvorschriften.

Lösung

a) Eigentum: Die gesetzliche Regelung zum Eigentum findet sich in § 903 BGB (Befugnisse des Eigentümers). Der Eigentümer verfügt über das volle dingliche Recht an einer Sache und kann, soweit nicht das Gesetz oder Rechte Dritter entgegenstehen, mit der Sache nach Belieben verfahren und andere von jeder Einwirkung ausschließen.

Besitz: Die gesetzliche Regelung zum Besitz findet sich in § 854 BGB (Erwerb des Besitzes). Hiernach wird der Besitz durch die Erlangung der tatsächlichen Gewalt über die Sache erworben, § 854 Abs. 1 BGB. Der Besitzer verfügt also nicht über das volle dingliche Recht an der Sache, sondern lediglich über die tatsächliche Sachherrschaft.

b) Ein Herausgabeanspruch nach § 985 BGB könnte dann bestehen, wenn Frau Schmitz nach wie vor Eigentümerin der Sache (Gasgrill) wäre.
Ein Erwerb des Eigentums durch den Bekannten nach § 929 Abs. 1 BGB ist nicht erfolgt, da die Mitarbeiterin nicht Eigentümerin der Sache war und diese folglich kein Eigentum übertragen konnte.
Der Bekannte könnte das Eigentum jedoch gutgläubig erworben haben, da er davon ausgehen konnte, dass die Sache der Veräußerin (Mitarbeiterin) gehörte, § 932 Abs. 1 S. 1 BGB. Einem gutgläubigen Erwerb steht jedoch § 935 Abs. 1 BGB entgegen, da der Gasgrill der Eigentümerin, Frau Schmitz, gestohlen worden war. Diese ist nach wie vor Eigentümerin.
Der Nachbar könnte die Herausgabe an Frau Schmitz nur dann verweigern, wenn er der Eigentümerin gegenüber zum Besitz der Sache berechtigt ist, § 986 Abs. 1 S. 1 BGB. Dies ist hier aber nicht der Fall.
Im Ergebnis kann Frau Schmitz also die Herausgabe des Gasgrills nach § 985 BGB verlangen.

Kommentar: Die hohe Punktevergabe (22 Punkte) deutet auf den erforderlichen Umfang der Lösung hin. Der Aufgabenteil a) lässt sich allein anhand der Gesetzestexte der §§ 903 (Eigentum) und 854 BGB (Besitz) lösen und erfordert keine weitergehenden Begründungen. Für den Aufgabenteil b) sind 14 Punkte vorgesehen. Ob ein Herausgabeanspruch nach § 985 BGB besteht, ist also nicht lediglich mit einem Ja oder Nein zu beantworten, sondern eingehend zu **erläutern**. Demgemäß sind im Rahmen des Lösungswegs die verschiedenen Möglichkeiten der Übertragung (§ 929 BGB), des **gutgläubigen Erwerbs** (§§ 932 und 935 BGB) und der **Verweigerung der Herausgabe** (§ 986 BGB) zu prüfen und zu beurteilen. Erst hiernach schließt sich die Ergebnisfindung bezüglich des Herausgabeanspruchs an. Die Kenntnis dieser gesetzlichen Normen wird also vorausgesetzt. Laut Aufgabenstellung sind diese Normen auch zu nennen. Ein Fehlen der einschlägigen Paragrafen führt zu Punktabzügen.

Aufgabe
Herr Maier betreibt auf seinem Betriebsgrundstück eine Spedition. Zur Erweiterung seiner Lagerfläche pachtet er ein Nachbargrundstück. Die Laufzeit des Pachtvertrags beträgt 15 Jahre. Für die Dauer der Pachtzeit errichtet Herr Maier auf diesem Grundstück eine neue Lagerhalle aus Fertigteilen, die bei Ablauf des Pachtvertrags wieder zu entfernen ist.
a) Geben Sie an, wer Eigentümer der neu errichteten Lagerhalle ist. Nennen Sie hierzu auch die entsprechenden Rechtsnormen. (10 Punkte)
b) Beschreiben Sie die Verpflichtungen, die die Vertragsparteien nach Ablauf der Pachtzeit zu erfüllen haben. (8 Punkte)

Lösung
a) Herr Maier ist Eigentümer der Lagerhalle. Da sie nur für die Dauer des Pachtvertrags und somit vorübergehend mit dem Grund und Boden verbunden ist, ist sie kein wesentlicher Bestandteil des Grundstücks geworden, §§ 93 und 94 BGB. Die Lagerhalle aus Fertigteilen wird nach Ende der Pachtzeit wieder abgebaut und ist damit nicht ein dauerhaft mit dem Grundstück verbundener Bestandteil, § 95 BGB.
b) Nach Ablauf der Pachtzeit hat der Pächter Maier das **Grundstück** an den Verpächter zurückzugeben, §§ 546 Abs. 1, 596 Abs. 1 BGB.
Darüber hinaus muss er die **Lagerhalle** wieder abbauen, da diese nicht wesentlicher Bestandteil des Grundstücks geworden ist. Aus diesem Grund muss der Verpächter auch den Abbau der Lagerhalle dulden.

Kommentar: In Anbetracht der relativ kurzen Lösung und der wenigen hierzu erforderlichen Rechtsnormen kann die hier vorgesehen Punktevergabe als recht hoch angesehen werden. Die genannten Rechtsnormen zum wesentlichen Bestandteil sollten also bekannt sein. Beim Aufgabenteil b) ist zu beachten, dass hier sowohl auf die Verpflichtungen bezüglich des **Grundstücks**, als auch bezüglich der **Lagerhalle** eingegangen werden muss.

3.1.3.2 Finanzierungssicherheiten

Durch die Instrumente zur Kreditsicherung erhalten die Kreditgeber die Möglichkeit, ihre Ansprüche auch dann durchzusetzen, wenn der Kreditnehmer seinen Verpflichtungen, Zins- und Tilgungsleistungen zu zahlen, nicht nachkommt.

Bürgschaft

> **Definition**
> Die Bürgschaft verpflichtet den Bürgen, gegebenenfalls für Schulden eines Dritten gegenüber dem Gläubiger aufzukommen.

Sie entsteht durch einen Bürgschaftsvertrag, in dem sich der Bürge verpflichtet, für die Erfüllung der Verbindlichkeiten des Schuldners einzustehen (§§ 765 ff. BGB). Abbildung 3.8 verdeutlicht, dass sie aus zwei Rechtsgeschäften besteht.

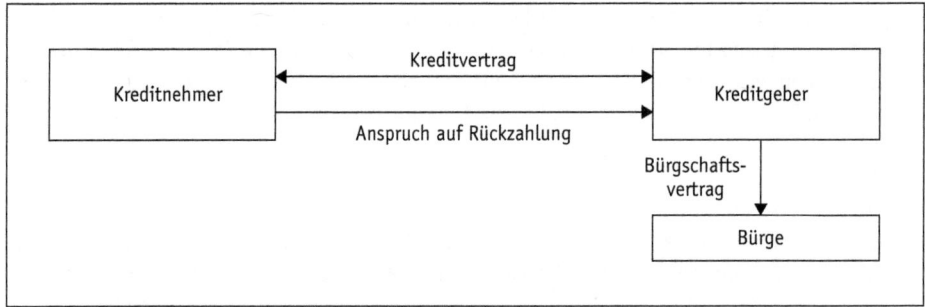

Abb. 3.8: Bürgschaftsvertrag

Eine Bürgschaft ist akzessorisch, d. h. sie hängt vom Bestehen der Forderung ab, die ihr zu Grunde liegt. Sie erlischt deshalb, wenn die Hauptforderung nicht mehr besteht.

Bei der **gewöhnlichen Bürgschaft** kann der Bürge verlangen, dass der Gläubiger zunächst alle zur Verfügung stehenden Möglichkeiten ausnutzt, seine Forderung durchzusetzen. Er hat das Recht auf Einrede der Vorausklage und kann die Befriedigung des Gläubigers verweigern, solange der nicht eine Zwangsvollstreckung gegen den Hauptschuldner ohne Erfolg versucht hat (§ 771 BGB).

Bei der **selbstschuldnerischen Bürgschaft** verzichtet der Bürge auf das Recht auf Einrede der Vorausklage. Der Gläubiger kann also den Bürgen direkt in Anspruch nehmen, wenn der Hauptschuldner die verbürgte Verbindlichkeit nicht rechtzeitig tilgt (§ 773 BGB).

Pfandrechte

> **Definition**
> Das Pfandrecht räumt einem Gläubiger die Befugnis ein, aufgrund einer bestehenden Forderung eine bewegliche Sache oder ein Recht zu verwerten.

Es werden folgende Pfandrechtsformen unterschieden:
- **Rechtsgeschäftliches Pfandrecht** (§§ 1204 ff. BGB)
  Ein rechtsgeschäftliches Pfandrecht erfordert die Einigung und Übergabe der Sache. Ohne unmittelbaren Besitz kann ein Pfandrecht an beweglichen Sachen auf diese Weise nicht begründet werden. Deshalb eignet es sich praktisch nur für die Sicherung von Kleinkrediten.

  > **Beispiel**
  > Klaus P. übergibt seinen Ferrari (beweglich) in einem Pfandhaus, um ein kurzfristiges Darlehen zu erhalten.

- **Gesetzliches Pfandrecht**
  Gesetzliche Pfandrechte schützen die Gläubiger in Fällen von Vorleistungen, z. B.
  - Vermieter und Verpächter (§ 562 BGB)
  - Gastwirte (§ 704 BGB)
  - Werkunternehmer (z. B. Reparaturwerkstätten) (§ 647 BGB)
  - Kommissionäre (§ 397 HGB)
  - Spediteure (§ 464 HGB)
  - Lagerhalter (§ 475b HGB)
  - Frachtführer (§ 441 HGB).

  Praktisch handelt es sich um ein Zurückbehaltungsrecht.

- **Pfändungspfandrecht**
  Das Pfändungspfandrecht entsteht bei der Zwangsvollstreckung (§ 804 Abs. 1 ZPO). Durch den staatlichen Akt der Pfändung wird die Einwilligung des Eigentümers der Sache ersetzt. Die Verwertung erfolgt durch öffentliche Versteigerung.

Grundpfandrechte

> **Definition**
> Grundpfandrechte sind Belastungen eines Grundstückes zur Sicherung einer bestimmten Geldsumme. Wenn der Schuldner seinen Verpflichtungen nicht nachkommt, kann der Gläubiger seine Ansprüche aus dem belasteten Grundstück bzw. Gebäude befriedigen. Grundpfandrechte werden im Grundbuch eingetragen.

Die **Hypothek** (§§ 1113 ff. BGB) entsteht durch vertragliche Einigung und Eintrag in das Grundbuch. Sie ist untrennbar mit dem Bestehen der Forderung verbunden (Akzessorietät).

> **Beispiel**
> Eine Bank gewährt A. einen Kredit i. H. v. 500.000 €. Vor Auszahlung wird im Grundbuch auf einem Grundstück des A. eine Hypothek von 500.000 € eingetragen.

- Vor Auszahlung des Kreditbetrages besteht keine Forderung der Bank, eine Hypothek steht ihr nicht zu.
- Bei Auszahlung entsteht eine Forderung der Bank, sie wird jetzt Inhaberin der Hypothek.
- Zahlt A. 200.000 € zurück, besteht nur noch eine Forderung der Bank von 300.000 €, ihr steht nur noch eine Hypothek in gleicher Höhe zu.

Im Gegensatz zur Hypothek ist die **Grundschuld** (§§ 1191 ff. BGB) nicht vom Bestehen einer Forderung abhängig (fiduziarisch). Sie muss ebenfalls ins Grundbuch eingetragen werden. Werden die Ansprüche des Gläubigers nicht befriedigt, kann er die Vollstreckung der Grundschuld durch die Zwangsvollstreckung oder Zwangsverwaltung des Grundstückes verlangen.

Da die Grundschuld auch nach Begleichung der Schuld weiter besteht, können z. B. die Kosten für eine erneute Eintragung in das Grundbuch – z. B. zur Sicherung einer neuen Forderung – gespart werden.

Beispiel
A. hat der Bank im Grundbuch eine Grundschuld über 500.000 € eingeräumt, die ein Darlehen sichert.
Wenn A. den Kredit zurückzahlt, erlischt zwar die Forderung der Bank, doch bleibt sie Inhaberin der Grundschuld. Nimmt A. zu einem späteren Zeitpunkt einen neuen Kredit auf, kann die – noch bestehende – Grundschuld zur Sicherung dieses neuen Kredits genutzt werden.

Die **Rentenschuld** (§§ 1199 ff. BGB) wird eingeräumt, wenn Gläubiger in regelmäßigen Abständen die Zahlung eines bestimmten Betrages aus dem Grundstück verlangen können.

Eigentumsvorbehalt

> Ein Eigentumsvorbehalt (§ 449 BGB) kann bei Kaufverträgen über bewegliche Sachen als Sicherheit für den Verkäufer eingesetzt werden.

Ihm liegt eine sogenannte bedingte Einigung über die Eigentumsübertragung zu Grunde. Der Verkäufer behält dann die Eigentumsrechte an der Ware bis zu deren vollständiger Bezahlung.

Beispiel
Die Schreinerei S. hat eine Holzbearbeitungsmaschine zum Preis von 120.000 € angeschafft. Weil es bisher keine Geschäftsbeziehungen gibt, liefert der Hersteller die Maschine unter Eigentumsvorbehalt.
- S. zahlt wie vereinbart, die Maschine geht in ihr Eigentum über.
- S. gerät in Zahlungsschwierigkeiten, die 120.000 € können nicht gezahlt werden. S. gerät damit in Verzug, der Lieferant kann vom Vertrag zurücktreten und – da er Eigentümer geblieben ist – die Herausgabe der Maschine verlangen (§ 985 BGB).

Bei dem sogenannten »verlängerten« Eigentumsvorbehalt mit Verarbeitungsklausel vereinbaren Käufer und Verkäufer, dass der Eigentumsvorbehalt durch die Ver- oder Bearbeitung der Ware nicht erlischt, sondern der Verkäufer auch Eigentümer der ver-/bearbeiteten Ware wird, bis die Lieferung bezahlt ist.

Beispiel

Die Schreinerei S. bezieht Holz, das zu Kleinmöbeln verarbeitet wird. Auch diese Rechnung kann nicht bezahlt werden.
- Bei einfachem Eigentumsvorbehalt ist S. Eigentümer an den Kleinmöbeln auch dann, wenn ein Eigentumsvorbehalt vereinbart war (§ 950 BGB).
- Ist aber ausdrücklich ein verlängerter Eigentumsvorbehalt mit Verarbeitungsklausel vereinbart worden, wird der Holzlieferant bis zur vollständigen Kaufpreiszahlung Eigentümer der Möbel.

Aufgabe

Die X-GmbH liefert der Y-GmbH 100 Tonerkartuschen für Laserdrucker und stellt hierfür 3.000 € in Rechnung. Wie bei allen Lieferungen der X-GmbH wird vereinbart und auf der Rechnung vermerkt, dass die Ware bis zur vollständigen Zahlung des Kaufpreises im Eigentum der X-GmbH verbleibt.

Nachdem der Rechnungsbetrag mehrmals angemahnt wurde aber nach wie vor kein Zahlungseingang von der Y-GmbH festzustellen ist, fordert die X-GmbH die Tonerkartuschen zurück.

a) Erläutern Sie, ob die X-GmbH einen Anspruch darauf hat, die Tonerkartuschen zurückzubekommen. (14 Punkte)
b) Erläutern Sie die rechtlichen Ansprüche der X-GmbH für den Fall, dass die Y-GmbH bereits die Hälfte der Tonerkartuschen verbraucht hat. (6 Punkte)

Geben Sie in der Lösung auch die jeweiligen Rechtsgrundlagen an.

Lösung

a) Aufgrund der Vereinbarung des Eigentumsvorbehalts, § 449 Abs. 1 BGB, ist das Eigentum an den Kartuschen noch nicht von der X-GmbH auf die Y-GmbH übergegangen, § 929 S. 1 BGB, da das Eigentum erst nach vollständiger Kaufpreiszahlung übergeht. Die X-GmbH kann somit die Herausgabe der Sache (Kartuschen) verlangen, wenn sie vom Kaufvertrag zurückgetreten ist, § 449 Abs. 2 BGB. Nach mehrmaliger Mahnung und Fristsetzung steht einem Rücktritt gemäß § 323 Abs. 1 BGB nichts entgegen. Nach Erklärung des Rücktritts, § 349 BGB, hat die Y-GmbH die Kartuschen an die X-GmbH herauszugeben, § 346 Abs. 1 BGB.

Alternativ:

Aufgrund der Vereinbarung des Eigentumsvorbehalts, § 449 Abs. 1 BGB, ist das Eigentum an den Kartuschen noch nicht von der X-GmbH auf die Y-GmbH übergegangen, § 929 S. 1 BGB, da das Eigentum erst nach vollständiger Kaufpreiszahlung übergeht. Somit kann die X-GmbH als Eigentümerin die Herausgabe der Sache (Kartuschen) verlangen, § 985 BGB, da die Y-GmbH wegen der Nichtzahlung des Kaufpreises ihr Besitzrecht verloren hat. Die Y-GmbH kann die Herausgabe der Sache nicht verweigern, da sie nicht zum Besitz berechtigt ist, § 986 Abs. 1 S. 1 BGB.

b) Die bereits verbrauchten Kartuschen können von der Y-GmbH naturgemäß nicht mehr herausgegeben werden. Statt der, nicht möglichen, Herausgabe hat die Y-GmbH Wertersatz zu leisten, da sie den empfangenen Gegenstand (Kartuschen) verbraucht hat, § 346 Abs. 2 Nr. 2 BGB. Neben der Hälfte der Kartuschen, die bisher nicht verbraucht wurden, steht der X-GmbH also ein Wertersatz in Höhe von 1.500 € (50 % von 3.000 €) zu.

3 Recht und Steuern

Kommentar: Zum Aufgabenteil a) bieten sich zwei mögliche Lösungswege an. Zum Herausgabeanspruch führen zum einen der mögliche Rücktritt vom Kaufvertrag und zum anderen der Herausgabeanspruch nach § 985 BGB. Wichtig ist jedoch, zunächst auf die Regelung zum Eigentumsvorbehalt einzugehen, da die Verkäuferin hier nach wie vor Eigentümerin geblieben ist. Selbstverständlich ist nur eine der beiden Lösungsalternativen aufzuzeigen. Die Nennung der einschlägigen Paragrafen sollte nicht vergessen werden, da dies zu Punktabzügen führt. Die Kenntnis der Rechtsnormen wird vorausgesetzt.

Der Aufgabeteil b) lässt sich anhand des § 346 Abs. 2 Nr. 2 BGB vollständig lösen. Auch diese Rechtsnorm sollte also beherrscht werden.

Sicherungsübereignung

> **Definition**
> Bei der Sicherungsübereignung erfolgt die Übereignung von – ausschließlich beweglichen – Sachen durch den Kreditnehmer an den Kreditgeber, der bei Nichterfüllung seiner Forderungen über die Sache verfügen darf.

Durch ein **Besitzkonstitut** geht nur das Eigentum über, nicht der Besitz. Aus Abbildung 3.9 sind die beiden notwendigen Vereinbarungen ersichtlich.

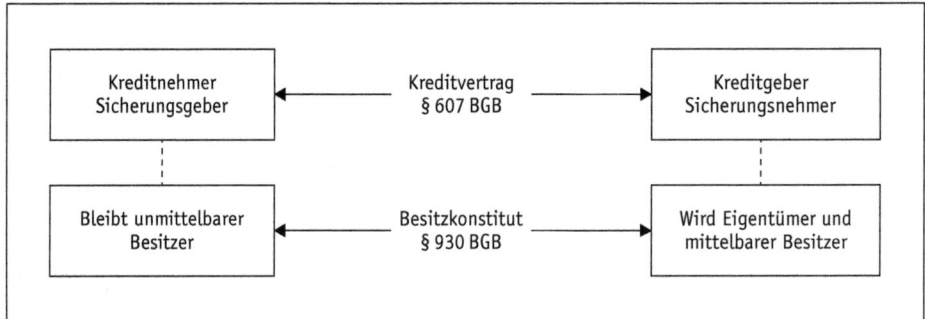

Abb. 3.9: Verträge bei Sicherungsübereignung

Beispiel

Bauunternehmer B. nimmt bei seiner Hausbank ein Darlehen auf, um einen neuen Bagger zu finanzieren. Es wird eine Sicherungsübereignung vereinbart, damit einerseits die Bank eine Sicherheit erhält und andererseits B. mit dem Bagger arbeiten und mit den Erträgen das Darlehen zurückzahlen kann.

Zession

> **Definition**
> Im Rahmen einer Sicherungsabtretung (Zession) werden einem Gläubiger (Zessionar) zur Sicherung seiner Forderungen (z. B. Bank- oder Warenkredit) von seinem Schuldner (Zedent) Forderungen oder Rechte übertragen, die der gegenüber einem Dritten besitzt.

Abbildung 3.10 zeigt die Rechtsbeziehungen.

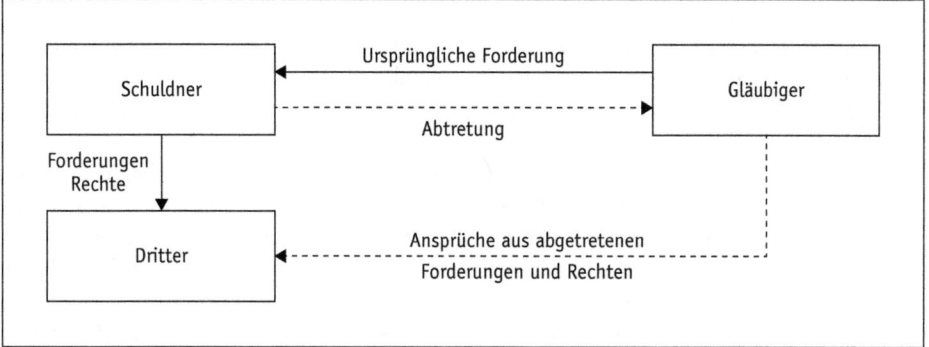

Abb. 3.10: Sicherungsabtretung

Globalzession Durch die Globalzession tritt der Zedent alle bestehenden und zukünftigen Forderungen aus bestimmten Geschäften ab. Abgelaufene Forderungen werden durch neue ersetzt.

Mantelzession Bei der Mantelzession tritt der Zedent mehrere Einzelforderungen ab. Er verpflichtet sich, abgelaufene Forderungen durch neu entstandene Forderungen zu ersetzen. Der formale Übergang der Forderungen an den Zessionar erfolgt an Hand einer Debitorenliste, in der alle Forderungen aufgelistet sind.

Aufgabe
Herr Meyer betreibt seit einigen Jahren einen Kurierdienst. Zur weiteren Expansion benötigt er zwei zusätzliche Transporter, deren Erwerb er über seine Hausbank finanzieren möchte. Die Bank erklärt sich zur Finanzierung bereit, unter den Voraussetzungen, dass 1. die Transporter als Sicherheit dienen und 2. die Ehefrau des Herrn Meyer als Bürgin eintritt.
a) Erläutern Sie anhand des vorliegenden Sachverhalts (Transporter) die Unterschiede zwischen der Sicherungsübereignung und einem Pfandrecht. (10 Punkte)
b) Erläutern Sie die Rechtslage für die Abgabe einer Bürgschaft und beurteilen Sie, ob eine wirksame Bürgschaftserklärung auch per E-Mail abgegeben werden kann. (4 Punkte)
c) Erläutern Sie die Rechtsfolgen, die sich für den Bürgen aus der Inanspruchnahme einer Bürgschaft ergeben, nachdem er der Zahlungsverpflichtung vollumfänglich nachgekommen ist. (4 Punkte)

Die Nennung der einschlägigen Rechtsnormen ist nicht erforderlich.

Lösung
a) Sicherungsübereignung:
Eine explizite gesetzliche Regelung der Sicherungsübereignung findet sich nicht. Durch das vereinbarte Besitzmittlungsverhältnis geht zur Sicherung der Ansprüche des Gläubigers das Eigentum, nicht jedoch der Besitz auf den Gläubiger über, damit dieser über die Sache (Transporter) verfügen darf, wenn Meyer seinen Verpflichtungen nicht nachkommt.

Vorteil ist, dass der Schuldner (Meyer) somit weiterhin im Besitz der sicherungsübereigneten Sachen bleibt und die Transporter auch für seine Zwecke nutzen kann.
Pfandrecht:
Die Regelungen zum Pfandrecht finden sich in den §§ 1204, 1205 BGB. Hiernach ist es erforderlich, dass eine bewegliche Sache dem Gläubiger übergeben wird und dieser auch in den Besitz der Sache gelangt. Somit wäre Meyer nicht in der Lage, die Transporter auch zu nutzen.

b) Zur Gültigkeit des Bürgschaftsvertrags ist **schriftliche** Erteilung der Bürgschaftserklärung erforderlich, § 766 S. 1 BGB. Ist durch Gesetz schriftliche Form vorgeschrieben, so muss die Urkunde von dem Aussteller **eigenhändig** durch Namensunterschrift unterzeichnet werden, § 126 Abs. 1 BGB. Die Erteilung der Bürgschaftserklärung in elektronischer Form ist **ausgeschlossen**, § 766 S. 2 BGB.
Somit wird durch die Übersendung einer E-Mail weder die erforderliche Schriftform gewahrt, noch eine wirksame Bürgschaftserklärung abgegeben.

c) Soweit der Bürge den Gläubiger befriedigt, geht die Forderung des Gläubigers gegen den Hauptschuldner auf ihn über, § 774 Abs. 1 S. 1 BGB. Der Bürge kann dann die Zahlung der Schuld oder des Kredits vom Schuldner verlangen.

Kommentar: Zwar sind die einschlägigen Rechtsnormen laut Aufgabenstellung nicht zu nennen und werden hier nur der besseren Nachvollziehbarkeit wegen aufgeführt, jedoch wird deren Kenntnis vorausgesetzt, um die Aufgabe lösen zu können. Zudem lassen sich die erforderlichen Lösungen zum Pfandrecht sowie zu den Aufgabenteilen b) und c) nahezu vollständig aus den zitierten Rechtsnormen abschreiben. Zum Aufgabenteil a) sollten auf jeden Fall auch die jeweiligen Folgen genannt werden, die sich für Meyer aus einer Sicherungsübereignung bzw. Pfandrecht ergeben würden, da in der Aufgabenstellung explizit darauf hingewiesen wird, dass die Unterschiede anhand des Sachverhalts (Transporter) erläutert werden sollen.

3.1.3.3 Grundlagen Insolvenzrecht

Ist ein Schuldner nicht mehr in der Lage, seine Verbindlichkeiten zu begleichen, kann Insolvenzantrag gestellt werden. Das Insolvenzrecht hat zum Ziel, alle Gläubiger eines Schuldners gemeinschaftlich zu befriedigen. Die Insolvenzordnung kennt als Insolvenzgründe:

- **Zahlungsunfähigkeit.** Ein Schuldner kann seine Zahlungsverpflichtungen nicht erfüllen (§ 17 InsO)
- **Drohende Zahlungsunfähigkeit.** Zahlungsunfähigkeit droht, wenn nicht nur bereits bestehende, sondern auch noch nicht fällige Zahlungsverpflichtungen berücksichtigt werden. Es ist ein Eigenantrag erforderlich (§ 18 InsO).
- **Überschuldung.** Wenn das Vermögen des Schuldners die bestehenden Verbindlichkeiten nicht mehr deckt, liegt Überschuldung vor. § 19 InsO bezieht sich nur auf juristische Personen.

In der Insolvenzordnung werden verschiedene Gruppen von Gläubigern unterschieden:
- **Massegläubiger**, deren Ansprüche nach § 53 InsO vorweg aus der Insolvenzmasse zu befriedigen sind, weil sie erst nach der Eröffnung des Insolvenzverfahrens entstanden bzw. durch das Insolvenzverfahren selbst veranlasst worden sind.

Beispiel
Der Insolvenzverwalter lässt Reparaturen durchführen, damit eine Fortführung des Unternehmens möglich ist.

- Gläubiger mit Aus-, Absonderungs- und Aufrechnungsrechten.
  - Bei **Aussonderung** gehören der haftende Gegenstand nicht zum Vermögen des Insolvenzschuldners (§ 47 InsO).
  - **Absonderung.** Hypothek- und Grundschulden, Pfandrechte und Ansprüche aus Sicherungsübereignungen und -abtretungen werden bevorzugt befriedigt.
- **Insolvenzgläubiger**, die eine (anteilige) Befriedigung ihrer Forderungen erst anschließend erwarten können. Die **Insolvenzquote** ist der prozentuale Anteil, den sie nach Abschluss des Insolvenzverfahrens aus der Insolvenzmasse erhalten. Sie errechnet sich aus dem Verhältnis der Insolvenzmasse zur Summe aller Verbindlichkeiten.

Beispiel

Insolvenzmasse		620.000 €
Gerichts- und Verwalterkosten		20.000 €
		600.000 €
Verbindlichkeiten insgesamt		2.000.000 €
Insolvenzquote	$\frac{600.000}{2.000.00} \times 100$	30 %
Forderung A: 48.000 € Zahlung aus der Insolvenzmasse	$\frac{48.000 \times 30}{100}$	14.400 €
Forderung B: 124.000 € Zahlung aus der Insolvenzmasse	$\frac{124.000 \times 30}{100}$	37.200 €
Restliche Forderungen: 1.828.000 €	$\frac{1.828.000\ € \times 30}{100}$	
600.000 €		548.400 €

Aufgabe

Das Unternehmen Meyer produziert seit vielen Jahren Möbel aus Eichenholz. Da die Nachfrage nach diesen Möbeln mehr und mehr zurückgeht, hat sich die Umsatz- und Ertragslage deutlich verschlechtert, sodass nicht sämtliche Eingangsrechnungen sofort bezahlt werden können. Meyer hat daher in der Vergangenheit bei seinen Lieferanten immer wieder um Zahlungsaufschub und Ratenzahlung gebeten. Nach Zahlung der Löhne für den abgelaufenen Monat ist das Geschäftskonto so stark überzogen, dass die Bank das Konto sperrt. Hiernach ist Meyer nicht mehr in der Lage, weitere Zahlungsverpflichtungen zu erfüllen. Nennenswerte Barmittel sind ebenfalls nicht vorhanden.

a) Erläutern Sie, ob bei Meyer die Voraussetzungen für die Einleitung eines Insolvenzverfahrens gegeben sind. (8 Punkte)
b) Nennen Sie die Form, in der der Insolvenzantrag zu stellen wäre. (2 Punkte)
c) Benennen Sie das Gericht, das sachlich und örtlich für die Eröffnung des Insolvenzverfahrens des Meyer zuständig wäre. (6 Punkte)

Die Nennung der einschlägigen Rechtsnormen ist nicht erforderlich.

Lösung

a) Die Eröffnung des Insolvenzverfahrens setzt voraus, das ein Eröffnungsgrund gegeben ist, § 16 InsO. Allgemeiner Eröffnungsgrund ist die Zahlungsunfähigkeit, § 17 Abs. 1 InsO. Der Schuldner ist zahlungsunfähig, wenn er nicht in der Lage ist, die fälligen Zahlungspflichten zu erfüllen, § 17 Abs. 2 S. 1 InsO. Diese Voraussetzungen sind bei Meyer laut Sachverhalt erfüllt (Zahlungsunfähigkeit).

b) Das Insolvenzverfahren wird nur auf schriftlichen Antrag eröffnet, § 13 Abs. 1 S. 1 InsO.

c) Für das Insolvenzverfahren ist als Insolvenzgericht das Amtsgericht zuständig, § 2 Abs. 1 InsO. Örtlich zuständig ist ausschließlich das Insolvenzgericht, in dessen Bezirk der Schuldner seinen allgemeinen Gerichtsstand hat. Liegt der Mittelpunkt einer selbststständigen wirtschaftlichen Tätigkeit des Schuldners an einem anderen Ort, so ist ausschließlich das Insolvenzgericht zuständig, in dessen Bezirk dieser Ort liegt, § 3 Abs. 1 InsO.

Kommentar: Laut Aufgabenstellung sind die jeweiligen Paragrafen nicht zu nennen und werden hier in der Lösung nur der besseren Nachvollziehbarkeit wegen angegeben. Die Lösung zu den Aufgabenteilen a) bis c) lässt sich vollständig aus der Insolvenzordnung abschreiben, sodass die Kenntnis der einschlägigen Rechtsnormen bekannt sein sollte. Im Aufgabenteil c) sind sowohl zur **sachlichen**, als auch zur **örtlichen** Zuständigkeit Erläuterungen vorzunehmen.

Aufgabe

Die X-GmbH hatte der Firma Meyer am 13.11.2015 für Testzwecke einen neuen Gabelstapler überlassen. Dieser sollte am 15.12.2015 wieder an die X-GmbH zurückgegeben werden. Am 7.12.2015 wird über das Vermögen des Meyer das Insolvenzverfahren eröffnet und ein Insolvenzverwalter bestimmt. Die X-GmbH erfährt hiervon am 9.12.2015.

a) Erläutern Sie das Ziel eines Insolvenzverfahrens. (4 Punkte)
b) Nennen Sie die allgemeinen Eröffnungsgründe für ein Insolvenzverfahren. (6 Punkte)
c) Benennen Sie die Stelle, die sachlich für die Eröffnung eines Insolvenzverfahrens zuständig ist (2 Punkte)
d) Erläutern Sie, ob die X-GmbH trotz des eingeleiteten Insolvenzverfahrens einen rechtlichen Anspruch auf die Rückgabe des Gabelstaplers hat. (8 Punkte)

Die Nennung der einschlägigen Rechtsnormen ist nicht erforderlich.

Lösung

a) Das Insolvenzverfahren dient dazu, die Gläubiger eines Schuldners gemeinschaftlich zu befriedigen, indem das Vermögen des Schuldners verwertet und der Erlös verteilt wird. Dem redlichen Schuldner wird Gelegenheit gegeben, sich von seinen restlichen Verbindlichkeiten zu befreien, § 1 InsO.

b) Eröffnungsgründe (§ 16 InsO) sind:
  – Zahlungsunfähigkeit, § 17 InsO
  – Drohende Zahlungsunfähigkeit, § 18 InsO
  – Überschuldung, § 19 InsO, bei juristischen Personen.

c) Für das Insolvenzverfahren ist als Insolvenzgericht das Amtsgericht zuständig, § 2 Abs. 1 InsO.

d) Der Gabelstapler wurde nur zu Testzwecken überlassen und befindet sich daher nach wie vor im Eigentum der X-GmbH. Somit ist diese zur Aussonderung berechtigt. Wer auf Grund

eines dinglichen oder persönlichen Rechts geltend machen kann, das ein Gegenstand nicht zur Insolvenzmasse gehört, ist kein Insolvenzgläubiger. Sein Anspruch auf Aussonderung des Gegenstands bestimmt sich nach den Gesetzen, die außerhalb des Insolvenzverfahrens gelten, § 47 InsO. Die X-GmbH kann als Eigentümerin die Herausgabe der Sache (Gabelstapler) verlangen, § 985 BGB.
Die Herausgabe ist gegenüber dem Insolvenzverwalter geltend zu machen.

Kommentar: Wie bei der vorherigen Aufgabenstellung sind die jeweiligen Paragrafen nicht zu nennen und werden hier in der Lösung nur der besseren Nachvollziehbarkeit wegen angegeben. Auch hier lässt sich die Lösung zu allen Aufgabenteilen wieder fast vollständig aus der Insolvenzordnung abschreiben, sodass die Kenntnis der einschlägigen Rechtsnormen bekannt sein sollte. Abweichend von der vorherigen Aufgabe ist im Aufgabenteil c) diesmal nur die **sachliche** Zuständigkeit zu erläutern. Wie immer gilt: Genau lesen! Systematisch vorgehen!

Aufgabe
Frau Schmitz betreibt als Einzelunternehmerin einen Computer-Reparaturservice. Wegen unzuverlässiger Mitarbeiter und Qualitätsproblemen sind die Einnahmen seit Monaten rückläufig und können die anfallenden Kosten nicht mehr decken. Da das Bankkonto seit einiger Zeit deutlich überzogen ist, sperrt die Hausbank dieses Konto, sodass es Frau Schmitz nicht mehr möglich ist, fällige Zahlungen zu leisten.
a) Nennen Sie die Gründe für die Eröffnung eines Insolvenzverfahrens. Welcher dieser Gründe liegt bei Frau Schmitz vor? (8 Punkte)
b) Beschreiben Sie, was Frau Schmitz zur Einleitung eines Insolvenzverfahrens zu veranlassen hat und benennen Sie die zuständige Stelle. (4 Punkte)
c) Benennen Sie drei Wirkungen, die ein gerichtlicher Eröffnungsbeschluss zur Folge hat.
(6 Punkte)

Die Nennung der einschlägigen Rechtsnormen ist nicht erforderlich.

Lösung
a) Eröffnungsgründe (§ 16 InsO) sind:
   - Zahlungsunfähigkeit, § 17 InsO
   - Drohende Zahlungsunfähigkeit, § 18 InsO
   - Überschuldung, § 19 InsO, bei juristischen Personen

   Da Frau Schmitz fällige Zahlungen nicht mehr leisten kann, liegt bei ihr der Eröffnungsgrund der Zahlungsunfähigkeit vor.
b) Für die Eröffnung des Insolvenzverfahrens hat Frau Schmitz einen schriftlichen Antrag zu stellen, § 13 Abs. 1 S. 1 InsO. Für das Insolvenzverfahren ist als Insolvenzgericht das Amtsgericht zuständig, § 2 Abs. 1 InsO.
c) Der gerichtliche Eröffnungsbeschluss hat folgende Wirkungen:
   - Eröffnung des Insolvenzverfahrens
   - Ernennung des Insolvenzverwalters
   - Verlust der Verwaltungs- und Verfügungsmacht des Insolvenzschuldners über sein Vermögen
   - Übergang der Verwaltungs- und Verfügungsbefugnis über das Vermögen des Insolvenzschuldners auf den Insolvenzverwalter (§ 80 InsO: Durch die Eröffnung des Insolvenzverfahrens geht das Recht des Schuldners, das zur Insolvenzmasse gehörende Vermögen zu verwalten und über es zu verfügen, auf den Insolvenzverwalter über.)

- Unterbrechung anhängiger Prozesse, soweit der Rechtsstreit das Vermögen des Insolvenzschuldners betrifft
- Vollstreckungsverbot bezüglich des Vermögens des Insolvenzschuldners; Ansprüche können nur noch durch Anmeldung zu Insolvenztabelle geltend gemacht werden, §§ 87 und 89 InsO.

Kommentar: Die Aufgabeteile a) und b) stellen eine Kombination der beiden vorhergehenden Aufgaben dar und zeigen die unterschiedlichen Möglichkeiten der Aufgabenzusammenstellung auf. Aufgaben zum Insolvenzverfahren kommen in den Prüfungsklausuren regelmäßig vor und sollten umfassend beherrscht werden. Beim Aufgabenteil a) ist zu beachten, dass neben den allgemeinen Gründen für die Eröffnung eines Insolvenzverfahrens auch explizit auf die Verhältnisse der hier zu beurteilenden Frau Schmitz einzugehen ist. Im Aufgabenteil c) sind lediglich **drei** Folgewirkungen zu nennen, die sich aus der Eröffnung eines Insolvenzverfahrens ergeben. Darüber hinaus gehende Nennungen sind nicht erforderlich und führen zu keiner weiteren Punktevergabe! Die zusätzlichen Nennungen erfolgen in der hier dargestellten Lösung nur, um möglichst viele Lösungsmöglichkeiten aufzuzeigen. Wie bei den vorherigen Aufgabenstellungen sind die jeweiligen Paragrafen nicht zu nennen und werden hier in der Lösung nur der besseren Nachvollziehbarkeit wegen angegeben.

3.1.4 Handelsgesetzbuch

3.1.4.1 Begriff des Kaufmanns

> **Definition**
> Kaufmann ist, wer ein Handelsgewerbe betreibt, vgl. § 1 Abs. 1 HGB.

Der Kaufmannsbegriff ist im Handelsrecht zentral, weil sich die Vorschriften des HGB nur an Kaufleute richten. Für einen Kaufmann ergeben sich daraus besondere Rechte und Pflichten.

Einen Überblick über die verschiedenen Arten der Kaufleute gibt Abbildung 3.11.

Kaufmann ist,			
wer	ein Gewerbe betreibt, wenn ein in kaufmännischer Weise eingerichteter Geschäftsbetrieb erforderlich ist (Handelsgewerbe)	§ 1 HGB	Istkaufman
oder	wenn die Firma (freiwillig) ins Handelsregister eingetragen ist	§ 2 HGB	Kannkaufmann
oder	Land- und forstwirtschaftliche Unternehmen, die einen in kaufmännischer Weise eingerichteten Geschäftsbetrieb erfordern, wenn sie (freiwillig) ins Handelsregister eingetragen sind	§ 3 HGB	Kannkaufmann
oder	jeder Gewerbetreibende, der mit seiner Firma ins Handelsregister eingetragen ist, selbst wenn tatsächlich kein Handelsgewerbe betrieben wird	§ 5 HGB	Kaufmann kraft Eintragung
und	alle Handelsgesellschaften	§ 6 HGB	Formkaufmann
und	wer sich als Kaufmann ausgibt, muss sich auch als Kaufmann behandeln lassen	Rechtsprechung	Scheinkaufmann

Abb. 3.11: Kaufmannsbegriffe

Recht und Steuern

Aufgabe
Der Teehändler Hans Aroma (T.) betreibt einen kleinen Teeladen. Den Wareneinkauf und die finanziellen Angelegenheiten erledigt er selbst. Gelegentlich hilft ihm beim Verkauf der Waren seine Ehefrau. Mit den steuerrechtlichen Belangen hat T. einen Steuerberater beauftragt.

Der durchschnittliche Jahresumsatz beträgt nach den Erfahrungen der letzten Jahre rd. 200.000 €.

a) Begründen Sie unter Angabe der einzelnen Merkmale, ob Herr T. ein Gewerbe betreibt. (12 Punkte)
b) Begründen Sie, warum Herr T. kein Kaufmann ist. (4 Punkte)
c) Beschreiben Sie, unter welchen Voraussetzungen Herr T. Kaufmann i. S. d. HGB werden kann. (4 Punkte)

Lösung
a) T. betreibt ein Gewerbe, weil er
   - selbstständig tätig ist, denn er ist niemandem gegenüber weisungsgebunden,
   - die Tätigkeit nachhaltig ausübt, hier bereits seit mehreren Jahren,
   - durch den Laden am üblichen Geschäftsverkehr teilnimmt, der durch ein von der Kundschaft genutztes Ladenlokal zum Ausdruck kommt,
   - mit Gewinnerzielungsabsicht vorgeht; ein Jahresumsatz von 200.000 € sollte bei dem beschriebenen kleinen Teeladen ausreichen, auch nach Abzug aller Aufwendungen, Gewinn zu erzielen,
   - nicht freiberuflich tätig ist,
   - eine legale Tätigkeit ausübt.
b) Das Gewerbe des T erfordert nach Art und Umfang keinen in kaufmännischer Weise eingerichteten Geschäftsbetrieb (§ 1 Abs. 2 HGB). Anzeichen hierfür bieten einerseits der Umfang des Gewerbes, bei dem die geringe Höhe des Umsatzes und die Bewältigung des Verkaufs durch T. alleine bzw. gelegentlich auch durch Mithilfe seiner Ehefrau erfolgt. Auch die Aussage, dass T keine Mitarbeiter beschäftigt, belegt den geringen kaufmännischen Umfang des Gewerbes. Aber auch die Art des Geschäftes erfordert keine kaufmännische Ausgestaltung des Gewerbes. So erscheint eine kaufmännische Buchführung und Bilanzierung ebenso überzogen wie eine kaufmännische Vertretung bzw. kaufmännische Haftung.
c) Herr T. kann sich als Kaufmann in das Handelsregister eintragen lassen (§ 2 HGB), weil er ein Gewerbe betreibt. Die Eintragung erfolgt nur auf Antrag des T., sodass nach erfolgter Eintragung T. – obwohl er Kleingewerbetreibender ist – Kaufmannseigenschaft besitzt und damit hinsichtlich der Rechte und Pflichten dem Kaufmann nach § 1 HGB gleichsteht. Die Eintragung ist hier konstitutiv, also rechtsbegründend, weil T. erst durch Eintragung Kaufmann wird.

Kommentar: Aufgrund der recht hohen Punktevergabe bei der Abgrenzung des Gewerbebetriebes sollten hier die Abgrenzungsmerkmale dargestellt und erörtert werden. Für die Frage, ob ein Geschäftsbetrieb einen in kaufmännischer Weise eingerichteten Geschäftsbetrieb erfordert, ist das Gesamtbild zu beachten, weil möglicherweise die Art des Geschäftes oder der Umfang des Geschäftes nicht immer in gleicher Weise auf einen kaufmännischen Geschäftsbetrieb hinweisen.

3 Recht und Steuern

Aufgabe

Erläutern Sie, ob und wenn ja welche Art von Kaufmann in den nachfolgenden Fällen vorliegt:
a) Herr Meier betreibt an bundesweit drei Standorten einen Maschinenhandel. Er hat insgesamt 25 Beschäftigte und erwirtschaftet einen Umsatz von durchschnittlich 8.000.000 € pro Jahr. Eine Eintragung in das Handelsregister liegt nicht vor.
b) Frau Schmidt und Frau Müller gründen eine Gesellschaft, in der die persönliche Haftung der Gesellschafter ausgeschlossen ist.
c) Frau Klein betreibt ein kleines Fischgeschäft, in dem zusätzlich eine Aushilfe sowie gelegentlich auch der Ehemann als Verkäufer im Laden tätig sind.
d) Herr Kuhn hatte eine große Nahrungsmittelfabrik betrieben und ist noch im Handelsregister eingetragen. Tatsächlich betreibt er aber zurzeit nur noch ein kleines Café.

(12 Punkte)

Lösung

a) Herr Meier ist gem. § 1 HGB Istkaufmann, weil der Gewerbebetrieb aufgrund des Umsatzes von 8.000.000 €, der Anzahl der Mitarbeiter sowie der drei Standorte einen nach Art und Umfang in kaufmännischer Weise eingerichteten Geschäftsbetrieb erfordert. Auf einen Eintrag im Handelsgeister kommt es in diesem Falle nicht an. (3 Punkte)
b) Frau Schmidt und Frau Müller gründen eine Gesellschaft, die eine persönliche Haftung ausschließt; damit handelt es sich um eine Handelsgesellschaft, die als Formkaufmann gem. § 6 Abs. 1 HGB Kaufmannseigenschaft besitzt. (3 Punkte)
c) Frau Klein betreibt kein Handelsgewerbe, weil das Gewerbe keinen nach Art und Umfang in kaufmännischer Weise eingerichteten Geschäftsbetrieb erfordert. Sie betreibt ein Kleingewerbe und ist damit kein Kaufmann. (3 Punkte)
d) Herr Kuhn betreibt mit seinem kleinen Café zwar kein Handelsgewerbe nach § 1 HGB, ist aber Kaufmann kraft Eintragung, § 5 HGB. (3 Punkte)

Kommentar: Bei Fragen zur Kaufmannseigenschaft sollten Sie insb. die Wortwahl des § 1 HGB verwenden und die Lösung anhand der gesetzlichen Vorschriften begründen können.

Prokura (§§ 48–53 HGB)

> **Definition**
> Die Prokura ist eine Vertretungsmacht, mit der ein Prokurist alle Geschäfte im Namen des Kaufmanns tätigen kann.

Sie kann im Außenverhältnis nicht beschränkt werden, an die von einem Prokuristen abgeschlossenen Geschäfte ist der Kaufmann gebunden. Lediglich im Innenverhältnis kann sie auf bestimmte Geschäfte beschränkt werden.

Prokura kann nur von einem Kaufmann oder seinem gesetzlichen Vertreter erteilt werden, eine bestimmte Form ist nicht vorgeschrieben, sie ist aber vom Inhaber des Handelsgeschäftes zur Eintragung in das Handelsregister anzumelden (§ 53 Abs. 1 HGB).

Beispiel

Der Prokurist P. kauft eine Maschine zum Preis von 500.000 €, obwohl im Innenverhältnis eine Beschränkung auf Geschäfte bis 100.000 € vereinbart ist. Das Geschäft ist wirksam.

Handlungsvollmacht (§ 54 HGB)

> **Definition**
> Die Handlungsvollmacht berechtigt zur Vertretung des Kaufmanns in konkret von ihm beschriebenen Fällen.

Sie kann für alle Geschäfte (Generalhandlungsvollmacht) oder nur für bestimmte Geschäfte erteilt werden (Arthandlungsvollmacht oder Spezialhandlungsvollmacht).

Aufgabe
Untersuchen Sie die folgenden Geschäftstätigkeiten daraufhin, ob diese von einem Prokuristen in der Regel wirksam oder nicht wirksam vorgenommen werden können. Geben Sie auch die Rechtsgrundlagen an.
a) Finanzierung eines Firmenfahrzeugs mittels Darlehen (2 Punkte)
b) Bestellung einer Hypothek am Firmengrundstück (2 Punkte)
c) Entgegennahme von 500.000 € von einem Kunden,
   der eine fällige Rechnung begleicht (2 Punkte)
d) Erteilung einer Prokura an einen langjährigen Mitarbeiter (2 Punkte)
e) Entlassung eines Mitarbeiters durch außerordentliche Kündigung (2 Punkte)
f) Unterzeichnung des Jahresabschlusses (2 Punkte)
g) Beschreiben Sie ferner fünf Unterschiede zwischen Prokura und Handlungsvollmacht:
   (10 Punkte)

Lösung
a) Die Finanzierung eines Firmenfahrzeugs mittels Darlehen ist wirksam, § 49 Abs. 1 HGB.
b) Das Bestellen einer Hypothek am Firmengrundstück ist i. d.R unwirksam, § 49 Abs. 2 HGB. Diese Befugnis besteht nur, wenn sie besonders erteilt wurde.
c) Die Entgegennahme von 500.000 € von einem Kunden, der eine fällige Rechnung begleicht, gehört zu den Handlungen, die der Betrieb des Handelsgewerbes mit sich bringt und ist daher wirksam, § 49 Abs. 1 HGB.
d) Die Erteilung einer Prokura an einen langjährigen Mitarbeiter kann nur vom Inhaber des Handelsgeschäfts bzw. seinem gesetzlichen Vertreter vorgenommen werden. Ein Prokurist kann daher keine Prokura erteilen. Somit ist dieser Vorgang unwirksam, § 48 Abs. 1 HGB.
e) Die Entlassung eines Mitarbeiters durch außerordentliche Kündigung stellt erneut einen Vorgang dar, den der Betrieb des Handelsgewerbes mit sich bringt. Somit kann dies von einem Prokuristen wirksam vorgenommen werden, § 49 Abs. 1 HGB.
f) Die Unterzeichnung des Jahresabschlusses kann nur vom Inhaber des Handelsgeschäftes selbst vorgenommen werden, somit ist dies unwirksam, § 245 S. 1 HGB.
g) Unterschiede zwischen Prokura und Handlungsvollmacht sind in Abbildung 3.12 aufgeführt.

Recht und Steuern

Prokura	Handlungsvollmacht
Die Erteilung kann nur mittels ausdrücklicher Erklärung erfolgen, § 48 Abs. 1 HGB	Die Erteilung kann durch ausdrückliche Erklärung, aber auch durch konkludent schlüssige Erklärung erfolgen
Die Erteilung kann nur durch den Inhaber des Handelsgeschäftes oder durch den gesetzlichen Vertreter persönlich erfolgen, § 48 Abs. 1 HGB	Die Erteilung kann durch den Inhaber des Handelsgeschäftes, durch den gesetzlichen Vertreter oder durch jeden rechtsgeschäftlichen Vertreter erfolgen
Die Erteilung und das Erlöschen sind zur Eintragung in das Handelsregister anzumelden, § 53 Abs. 1 S. 1, Abs. 2 HGB	Die Erteilung und das Erlöschen sind nicht zur Eintragung in das Handelsregister anzumelden
Der Prokurist ist zu allen gerichtlichen und außergerichtlichen Geschäfte ermächtigt, die der Betrieb des Handelsgeschäftes mit sich bringt, § 49 Abs. 1 HGB	Der Handlungsbevollmächtigte ist nur zu allen Geschäfte ermächtigt, die der Betrieb des Handelsgeschäftes gewöhnlich mit sich bringt, § 54 Abs. 1 HGB
Beschränkungen im Außenverhältnis sind über § 49 Abs. 2 HGB hinaus nicht möglich	Beschränkungen im Außenverhältnis sind über § 54 Abs. 2 HGB hinaus jederzeit möglich, jedoch muss ein gutgläubiger Dritter über § 54 Abs. 2 HGB hinausgehende Beschränkungen nicht gegen sich gelten lassen, § 54 Abs. 3 HGB
Die Prokura ist nicht übertragbar, § 52 Abs. 2 HGB	Die Handlungsvollmacht kann mit Zustimmung des Inhabers des Handelsgeschäftes übertragen werden, § 58 HGB
(je Unterschied 2 Punkte, max. 10 Punkte)	

Abb. 3.12: Prokura und Handlungsvollmacht

Kommentar: Sowohl der Prokurist als auch der Handlungsbevollmächtigte sind Vertreter des Inhabers des Handelsgeschäftes. Die Ermächtigungen des Prokuristen sind aber im Vergleich zum Handlungsbevollmächtigten weitergehend. Diese sollten Sie stichwortartig benennen und anhand der gesetzlichen Vorschriften herleiten können.

3.1.4.2 Handelsregister

> **Definition**
> Das Handelsregister ist ein öffentliches, elektronisch geführtes Verzeichnis, in dem die rechtlichen Verhältnisse aller Kaufleute eines Amtsgerichtsbezirks eingetragen sind (§§ 8 ff. HGB).

Der Online-Zugriff ist über www.handelsregister.de möglich. In Abteilung A werden Einzelkaufleute und Personengesellschaften eingetragen, in Abteilung B die Kapitalgesellschaften. Weil das Handelsregister öffentlich ist, kann jeder Einsicht nehmen und Abschriften verlangen.

Die Eintragung erfolgt durch Anmeldung. Sie bedarf der öffentlichen Beglaubigung durch einen Notar.

Zu den eintragungspflichtigen Tatsachen gehören u. a. in Abteilung A:
- Rechtsform und Sitz,
- Inhaber und Gesellschafter,
- Vertretungsbefugnis,

- Erlöschen der Firma,
- Insolvenzverfahren,
- bei Kommanditgesellschaften die Höhe der Kommanditeinlage.

In Abteilung B werden u. a. eingetragen:
- Rechtsform und Sitz,
- Bestellung und Abberufung von Prokuristen,
- Insolvenzverfahren,
- Erlöschen der Firma,
- Auflösung der Gesellschaft,
- bei Aktiengesellschaften
  - Vorstand,
  - Höhe des Grundkapitals,
- bei GmbHs
  - Geschäftsführer sowie
  - Höhe des Stammkapitals.

Wer eine falsche Eintragung veranlasst, muss sich so behandeln lassen, als sei die Eintragung korrekt. Umgekehrt gilt, dass nicht existiert, was nicht eingetragen ist.

Beispiel
Kaufmann A. widerruft gegenüber P. dessen Prokura. Solange das Abberufen des Prokuristen nicht eingetragen ist, darf ein Dritter darauf vertrauen, dass P. Prokura besitzt.

Aufgabe
a) Erläutern Sie, was man unter dem Handelsregister versteht und wie es aufgebaut ist.
(7 Punkte)
b) Wie nennt man die staatliche Institution, die das Handelsregister führt? (1 Punkt)
c) Nennen Sie zwei Beispiele für eintragungspflichtige Tatsachen. (2 Punkte)

Lösung
a) Unter dem Handelsregister versteht man ein öffentliches Verzeichnis, dem man für bestimmte kaufmännische Belange wesentliche Informationen entnehmen kann. Es besteht aus den Abteilungen A (HRA) und B (HRB). Die Abteilung A (HRA) enthält Eintragungen über Einzelkaufleute und Personengesellschaften (OHG und KG). Die Abteilung B (HRB) enthält Eintragungen über Kapitalgesellschaften (GmbH und AG). (7 Punkte)
b) Das Handelsregister wird von den Amtsgerichten (Registergericht) geführt. (1 Punkt)
c) Eintragungspflichtige Tatsachen sind z. B. die Erteilung von Prokura, die Firma, Regelungen zur Vertretungsmacht oder die Eröffnung des Insolvenzverfahrens. (2 Punkte)

Kommentar: Eintragungspflichtige Tatsachen können unmittelbar aus dem Gesetzeswortlaut des HGB zitiert werden. So bieten die §§ 29 ff. HGB für einen Klausurfall genügend Beispiele, ein »Auswendiglernen« ist hierbei nicht erforderlich.

3.1.4.3 Vermittlergewerbe

Handelsvertreter (§ 84 Abs. 1 HGB)

> **Definition**
> Ein Handelsvertreter ist ein **selbstständiger** Gewerbetreibender, der ständig im Auftrag eines anderen Unternehmers
> - Geschäfte vermittelt oder
> - in dessen Namen abschließt.

Beispiele im Vermittlergewerbe sind: Versicherungsvertreter, Handelsvertreter für Werkzeuge/Dübel/Schrauben.

Der Handelsvertreter arbeitet in fremdem Namen und für fremde Rechnung, hat aber das eigene Interesse, einen Kundenstamm für den oder die Auftraggeber aufzubauen und zu pflegen.

Handelsmakler (§§ 93 ff. HGB)
Der Handelsmakler vermittelt ebenfalls Geschäfte für einen Dritten, ist aber nicht ständig für denselben Dritten damit beauftragt.

Beispiele sind: Kauf und Verkauf von Wertpapieren, Schiffsmakler.

3.1.5 Arbeitsrecht

3.1.5.1 Arbeitsvertragsrecht

Arbeitsvertrag
Ein Arbeitsverhältnis kommt durch Abschluss eines Arbeitsvertrages zustande.

> **Definition**
> Ein Arbeitsvertrag ist ein Dienstvertrag gem. § 611 ff. BGB, mit dem sich ein Partner verpflichtet, eine bestimmte Leistung zu erbringen, und der andere, dafür die vereinbarte Vergütung zu zahlen.

Ein Arbeitsvertrag kann formfrei, also auch mündlich oder stillschweigend geschlossen werden. Die inhaltliche Ausgestaltung von Arbeitsverträgen ist nicht an Vorgaben gebunden, der gesetzliche Mindeststandard darf aber nicht unterschritten werden. Lohn, Urlaubsregelungen, Arbeitszeit und Arbeitsort können grundsätzliche frei bestimmt werden, allerdings bestehen zahlreiche **Einschränkungen** durch Gesetze, Tarifverträge und Richterrecht.

Seit 1995 bestimmt das Nachweisgesetz (NachwG), dass der Arbeitgeber die wesentlichen Bedingungen schriftlich niederlegen, unterzeichnen und aushändigen muss. Bei einer Befristung eines Arbeitsvertrages ist die Schriftform im Teilzeit- und Befristungsgesetz (TzBfG § 14 Abs. 4) gesetzlich vorgeschrieben.

Rechte und Pflichten aus dem Arbeitsvertrag

Der Arbeitnehmer ist verpflichtet, die vereinbarte **Arbeitsleistung** persönlich zu erbringen. Seine Pflichten sind aus Abbildung 3.13 zu ersehen. Er ist in die Arbeitsorganisation eingegliedert und unterliegt bezüglich Arbeitsinhalt, Art der Durchführung, Zeit und Ort der Tätigkeit den Weisungen des Arbeitgebers.

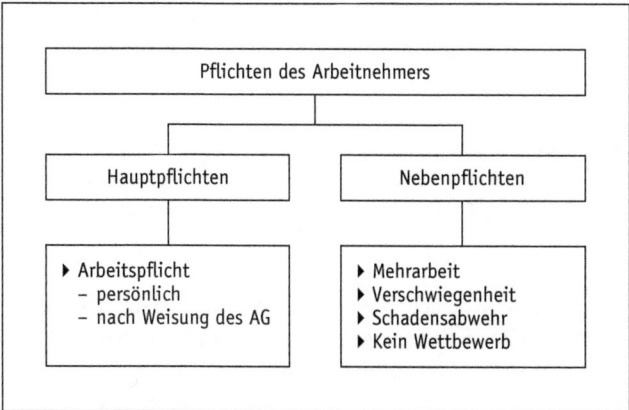

Abb. 3.13: Pflichten des Arbeitnehmers

Der Arbeitgeber ist verpflichtet, den Arbeitnehmer zu beschäftigen und ihm das vereinbarte Entgelt zu zahlen. Seine wesentlichen Pflichten zeigt Abbildung 3.14.

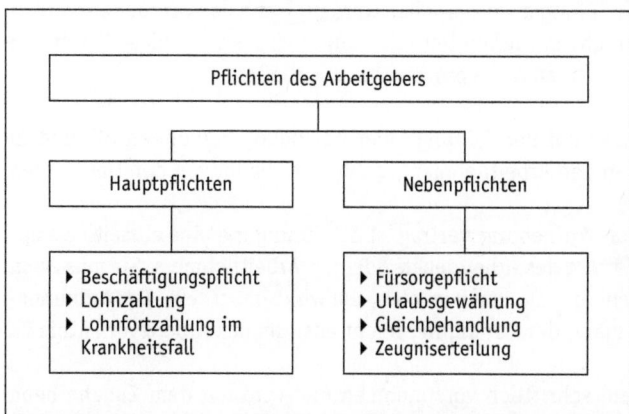

Abb. 3.14: Pflichten des Arbeitgebers

Kündigung, Kündigungsschutz, Abmahnung

In der Regel wird über die Beendigung des Arbeitsverhältnisses im Arbeitsvertrag keine Aussage getroffen. Die Beendigung kann erfolgen durch:
- **Befristung.** Bei einem befristeten Arbeitsvertrag wird i. d. R. die Vertragsdauer bereits im Voraus festgelegt. Die befristeten Arbeitsverhältnisse sind geregelt im Teilzeit- und Befristungsgesetz (TzBfG).

Ein Arbeitsvertrag darf befristet abgeschlossen werden, wenn ein sachlicher Grund vorliegt. Nur bis zu einer Dauer von maximal zwei Jahren (§ 14 Abs. 2 TzBfG) sowie bis zu einer Dauer von fünf Jahren für bestimmte Arbeitnehmer über 52 Jahren (§ 14 Abs. 3 TzBfG) ist auch ein befristeter Arbeitsvertrag ohne Angabe einer sachlichen Begründung möglich. Ein Arbeitsvertrag, der kürzer als zwei Jahre befristetet ist, darf bis zu einer Höchstdauer von zwei Jahren maximal dreimal verlängert werden.

Befristet Beschäftigte sind grundsätzlich wie unbefristet Beschäftigte zu behandeln. Ausnahmen gelten aber z. B. in Einzelfällen für Aus- und Weiterbildungsmaßnahmen.

> **Hinweis**
> Ein befristet beschäftigter Arbeitnehmer darf wegen der Befristung des Arbeitsvertrages nicht schlechter behandelt werden als ein vergleichbarer unbefristet beschäftigter Arbeitnehmer, es sei denn, dass sachliche Gründe eine unterschiedliche Behandlung rechtfertigen (§ 4 TzBfG).

- **Aufhebungsvertrag.** Mit einem Aufhebungsvertrag wird ein Arbeitsverhältnis beidseitig gekündigt. Eine solche Vereinbarung kann jederzeit vorgenommen werden und umgehend oder zu einem bestimmten Zeitpunkt in der Zukunft in Kraft treten.
  Häufig wird ein Aufhebungsvertrag abgeschlossen, um eine Kündigung zu umgehen, denn für einen Aufhebungsvertrag gelten keine Kündigungsfristen oder Mitbestimmungsrechte des Betriebsrats.

Beispiel
Einem Arbeitnehmer soll z. B. aufgrund eines groben Vergehens oder eines groben Fehlverhaltens eigentlich die fristlose Kündigung ausgesprochen werden. Wenn das vermieden werden soll, um den Betriebsfrieden nicht zu gefährden oder um »keine schmutzige Wäsche zu waschen«, können beide Parteien einen Aufhebungsvertrag schließen.

Häufig ist ein Aufhebungsvertrag mit der Zahlung einer **Abfindung** verbunden. Ob und in welcher Höhe eine Abfindung an den Arbeitnehmer gezahlt wird, hängt von den Umständen des Einzelfalls ab.

- **Kündigung.** Im Gegensatz zum Aufhebungsvertrag ist die Kündigung eine einseitige empfangsbedürftige Willenserklärung des Arbeitgebers oder des Arbeitnehmers. Sie muss vom anderen Vertragspartner nicht angenommen werden, um wirksam zu sein. Der ordnungsgemäße und rechtzeitige Zugang der Kündigung reicht aus, um das Arbeitsverhältnis zu beenden.
  Eine Kündigung ist zwingend schriftlich vorzunehmen und wird mit dem Zugang beim Kündigungsempfänger rechtswirksam. Ist der abwesend, gilt die Kündigung als zugegangen, wenn sie in den Herrschaftsbereich des Adressaten gelangt und dieser unter regelmäßigen Verhältnissen von ihr Kenntnis nehmen kann.

> **Hinweis**
> Die Beendigung von Arbeitsverhältnissen durch Kündigung oder Auflösungsvertrag bedürfen zu ihrer Wirksamkeit der Schriftform; die elektronische Form ist ausgeschlossen (§ 623 BGB).

Der Arbeitsvertrag hat für die meisten Arbeitnehmer existentielle Bedeutung, da der Verlust des Arbeitsplatzes meist mit schwerwiegenden wirtschaftlichen und sozialen Folgen verbunden ist.

Deshalb schützen verschiedene Gesetze die Arbeitnehmer vor der Willkür des Arbeitgebers. Ein »Kündigungsverbot« gibt es in der sozialen Marktwirtschaft aber nicht. Die wichtigsten Gesetze mit allgemein gültigen Regeln sind:
- das Bürgerliche Gesetzbuch,
- das Kündigungsschutzgesetz bei mehr als 10 Arbeitnehmern,
- das Betriebsverfassungsgesetz,
- das Teilzeit- und Befristungsgesetz.

Darüber hinaus finden sich zahlreiche Bestimmungen zum Kündigungsschutz, die besondere Mitarbeitergruppen betreffen, z. B.:
- **Mutterschutzgesetz.** Die Kündigung einer Frau ist während der Schwangerschaft und bis zum Ablauf von vier Monaten nach der Entbindung unzulässig.
- **Bundeserziehungsgeldgesetz.** Der Arbeitgeber darf das Arbeitsverhältnis acht Wochen vor Beginn der Elternzeit und während der Elternzeit nicht kündigen.
- **Schwerbehindertengesetz.** Die Kündigung des Arbeitsverhältnisses eines schwerbehinderten Menschen durch den Arbeitgeber bedarf der vorherigen Zustimmung des Integrationsamtes. Die Kündigungsfrist beträgt mindestens vier Wochen.
- Mitglieder des **Betriebsrats** und der Jugend- und Auszubildendenvertretung. Ihre Kündigung ist für die Dauer der Amtszeit und darüber hinaus bis zu einem Jahr nach Beendigung der Amtszeit unzulässig. Möglich ist aber weiterhin eine außerordentliche Kündigung bzw. eine Kündigung bei Stilllegung des Betriebs oder der Betriebsabteilung.

Eine Kündigung muss grundsätzlich nicht begründet werden. In Unternehmen mit Betriebsrat ist der Arbeitgeber verpflichtet, den Betriebsrat über die Kündigungsgründe zu informieren. Dies bedeutet in der Praxis fast zwangsläufig auch eine Begründung gegenüber dem Gekündigten.

Zur Kündigung muss ein sozial gerechtfertigter Grund vorliegen. Andernfalls ist die Kündigung unwirksam.

> **Hinweis**
> Die Kündigung des Arbeitsverhältnisses gegenüber einem Arbeitnehmer, dessen Arbeitsverhältnis in demselben Betrieb oder Unternehmen ohne Unterbrechung länger als sechs Monate bestanden hat, ist rechtsunwirksam, wenn sie sozial ungerechtfertigt ist (§ 1 KSchG).

Anlässe einer ordentlichen Kündigung
Die möglichen **Anlässe** für eine ordentliche Kündigung, die sozial gerechtfertigt ist, sind in Abbildung 3.15 dargestellt.

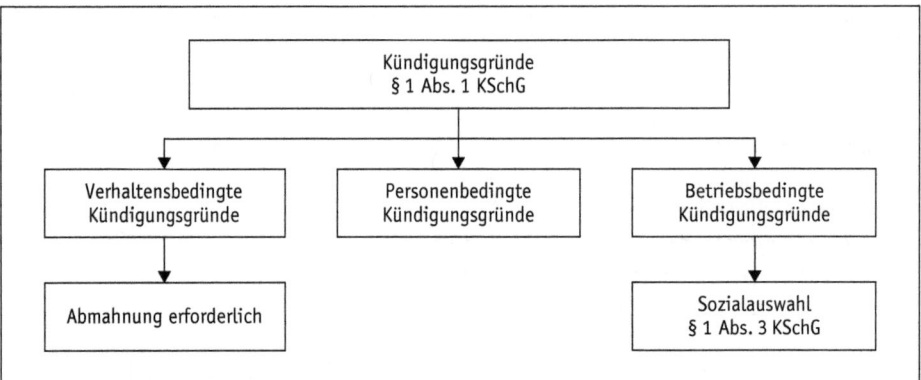

Abb. 3.15: Kündigungsgründe

Die Kündigungsfristen für eine ordentliche Kündigung sind in § 622 BGB festgelegt. Sie bezeichnen den Zeitraum zwischen dem Zugang der Kündigung und ihrem Wirksamwerden.

> **Beispiel**
> Katja L. arbeitet seit ihrem 28. Lebensjahr sechs Jahre lang ununterbrochen bei der Fire GmbH. Ihr Arbeitgeber kündigt ihr am 15. Mai. Die Kündigung wird wirksam am 31. Juli, § 622 Abs. 2 S. 1 Nr. 2 BGB.

Verhaltensbedingte Kündigung

Verhaltensbedingte Gründe liegen vor, wenn der Arbeitnehmer gegen seine arbeitsvertraglichen Pflichten verstoßen hat.

> **Beispiele**
> - Wiederholte Unpünktlichkeit oder unentschuldigtes Fehlen
> - Beleidigungen von unterstellten Mitarbeitern, Kollegen oder Vorgesetzten
> - Dauerhafte Vernachlässigung der Arbeitsaufgaben
> - Bewusst nachlässige Ausführung von Arbeiten
> - Verstöße gegen die Gehorsams- und Verschwiegenheitspflicht

Da der Arbeitnehmer selbst sein Verhalten ändern kann, muss der Kündigung in aller Regel eine **Abmahnung** vorausgehen. Das bemängelte Verhalten muss konkret benannt werden, verbunden mit der Aufforderung, das Verhalten zu ändern. Zudem muss deutlich formuliert werden, dass bei wiederholtem Fehlverhalten die Kündigung droht.

Personenbedingte Kündigung

Eine personenbedingte Kündigung kommt in Betracht, wenn der Arbeitnehmer aus Gründen, die in seiner Person liegen, den Arbeitsvertrag künftig nicht mehr erfüllen kann. Darunter fallen fehlende Eignung bzw. Befähigung und Krankheit.

> **Beispiele**
> - V. spielt Violine im städtischen Sinfonieorchester. Durch einen Motorradunfall hat sie einen Arm verloren.
> - S. kann die neue Software nicht bedienen, auch Schulungen führen nicht zum Erfolg.

Recht und Steuern

Betriebsbedingte Kündigung

Aus betriebsbedingten Gründen kann gekündigt werden, wenn der Arbeitsplatz wegfällt und es im Unternehmen keine andere Beschäftigungsmöglichkeit gibt.

Beispiele
- Absatzprobleme bzw. Auftragsmangel
- Rationalisierungsmaßnahmen
- Um- oder Einstellung der Produktion
- Stilllegung von Abteilungen.

Bei Kündigungen aufgrund betrieblicher Erfordernisse ist der Arbeitgeber verpflichtet, eine Sozialauswahl zu treffen. Kommen mehrere Arbeitnehmer in Betracht, erfolgt die Auswahl durch Vergleich von Sozialdaten (Lebensalter, Dauer der Betriebszugehörigkeit, Unterhaltspflichten des Mitarbeiters und Schwerbehinderung).

In die Sozialauswahl sind Arbeitnehmer nicht einzubeziehen, deren Weiterbeschäftigung insb. wegen ihrer Kenntnisse, Fähigkeiten und Leistungen oder zur Sicherung einer ausgewogenen Personalstruktur des Betriebs, im berechtigten betrieblichen Interesse liegt, § 1 Abs. 3 KSchG.

Aufgabe

Carola C. arbeitet seit sieben Jahren bei dem Werkzeugunternehmen H. H.-GmbH in der Versandabteilung als Packerin. Sie ist verheiratet und hat zwei unterhaltspflichtige Kinder. Die H. H.-GmbH hat 67 Arbeitnehmer.

In der letzten Zeit sind die Umsätze der H. H.-GmbH deutlich gesunken, sodass innerhalb der Firma sogar schon von Insolvenz geredet wurde. Die Geschäftsführung beschließt eine Sanierungsmaßnahme, die eine Verkleinerung der Packstation zur Folge hat. Daher wird das Arbeitsverhältnis mit Carola C. form- und fristgerecht gekündigt. Carola C. hält die Kündigung für unzulässig und erhebt fristgerecht Kündigungsschutzklage. Sie trägt vor, dass eine Verkleinerung der Packstation unsinnig sei, weil dort immer noch genug zu tun sei. Außerdem könne man durch eine Ausweitung des Internethandels den Umsatz ankurbeln. Im Übrigen hätte der 26-jährigen kinderlosen Kollegin Diana D., die erst seit zwei Jahren in der Firma beschäftigt ist, vorrangig gekündigt werden müssen. Diana D. nimmt nach einer erfolgreichen Zusatzausbildung auch Aufgaben im Bereich der Qualitätssicherung wahr.

Beurteilen Sie, ob die Kündigungsschutzklage begründet ist. (20 Punkte)

Lösung

Weil Carola C. bereits seit sieben Jahren bei der H.H-GmbH beschäftigt ist, ist das KSchG persönlich auf sie anwendbar, § 1 Abs. 1 KSchG. Auch der sachliche Anwendungsbereich ist wegen der 67 Mitarbeiter gegeben, § 23 Abs. 1 KSchG.

Die Kündigung ist nach § 1 Abs. 2 S. 1 KSchG sozial gerechtfertigt, weil es sich um eine betriebsbedingte Kündigung handelt. Die Verkleinerung der Packabteilung führt zu einem Verlust des konkreten Arbeitsplatzes. Die Sanierungsmaßnahme ist eine freie unternehmerische Entscheidung, die nicht auf ihre Vernünftigkeit überprüft werden darf. Eine Versetzung innerhalb der Firma ist zu prüfen.

Bei betriebsbedingten Kündigungen ist die Sozialauswahl vorzunehmen. Diese ist korrekt durchgeführt worden, weil in die Sozialauswahl diejenigen Kollegen nicht einbezogen werden, deren Weiterbeschäftigung aufgrund ihrer Kenntnisse und Fähigkeiten im betrieblichen Interesse liegt. Dies ist bei Frau Diana D. wegen der zusätzlichen Qualifikation der Fall.

Die Kündigung ist daher sozial gerechtfertigt. Weil auch die Kündigungsfrist laut Aufgabenstellung eingehalten wurde, wird die Kündigungsschutzklage keinen Aussicht auf Erfolg haben. (20 Punkte)

Kommentar: Eine umfassende Beantwortung der Fragestellung beinhaltet zunächst eine Auseinandersetzung mit der sozialen Rechtfertigung der Kündigung. Die Kündigungsgründe, die § 1 KSchG als sozial gerechtfertigt benennt, müssen daher bekannt sein. Bei der betriebsbedingten Kündigung ist einerseits auf den Sachverhalt »betriebsbedingt« einzugehen, hier also der Verkleinerung der Packstation als unternehmerische Entscheidung. Andererseits muss auf die Sozialauswahl eingegangen werden, die bei einer betriebsbedingten Kündigung getroffen werden muss. Es bietet sich nach der Aufgabenstellung an, einen kurzen Vergleich mit der anderen Mitarbeiterin (hier: kinderlos, aber durch zusätzliche Qualifikation besser ausgebildet) vorzunehmen.

Außerordentliche Kündigung

Bei besonders schwerem Fehlverhalten kann eine außerordentliche Kündigung ausgesprochen werden. Sie erfolgt fristlos. Es geht also bei der außerordentlichen Kündigung in erster Linie nicht um die Frage, ob gekündigt wird, sondern ob Gründe vorliegen, die eine Beschäftigung – auch innerhalb der Kündigungsfrist – nicht zumutbar erscheinen lassen.

> **Hinweis**
> Das Dienstverhältnis kann von jedem Vertragsteil aus wichtigem Grund ohne Einhaltung einer Kündigungsfrist gekündigt werden, wenn Tatsachen vorliegen, auf Grund derer dem Kündigenden unter Berücksichtigung aller Umstände des Einzelfalles und unter Abwägung der Interessen beider Vertragsteile die Fortsetzung des Dienstverhältnisses bis zum Ablauf der Kündigungsfrist oder bis zu der vereinbarten Beendigung des Dienstverhältnisses nicht zugemutet werden kann (§ 626 Abs. 1 BGB).

Beispiele
- Vorlage gefälschter Zeugnisse,
- Bewusst falsche Angaben im Lebenslauf,
- Diebstahl, Unterschlagung, Betrug,
- Grobe Beleidigungen oder Tätlichkeiten,
- Unberechtigte Arbeitsverweigerung.

Auch Arbeitnehmer haben das Recht, fristlos zu kündigen, z. B. wenn die Lohnzahlung ausbleibt, Leib und Leben durch die Ausführung der Arbeit bedroht sind, unzumutbare Tätigkeiten verlangt werden oder der Arbeitgeber bzw. Vorgesetzte grobe Beleidigungen oder Tätlichkeiten gegenüber dem Arbeitnehmer vornimmt.

Eine außerordentliche Kündigung muss innerhalb von zwei Wochen erfolgen, § 626 Abs. 2 BGB.

Änderungskündigung

Das Ziel einer Änderungskündigung ist es, einen Mitarbeiter zwar im Unternehmen zu halten, allerdings verbunden mit einer Änderung der inhaltlichen Ausgestaltung des Arbeitsvertrages, z. B. bezogen auf seine Aufgabe oder auf die Höhe des Entgelts. Ihrem Charakter nach ist die Änderungskündigung somit eine normale, ordentliche Kündigung, die den bisher beschriebenen gesetzlichen Regelungen unterliegt. Der Unterschied besteht darin, dass dem Arbeitnehmer gleichzeitig mit der Kündigung ein neues Vertragsangebot unterbreitet wird.

Kündigungsschutzklage

Gegen eine Kündigung können sich Arbeitnehmer durch eine Kündigungsschutzklage wehren. Sie muss innerhalb von drei Wochen nach Zugang der schriftlichen Kündigung beim zuständigen Arbeitsgericht eingereicht werden. Durch die Klage soll festgestellt werden, dass das Arbeitsverhältnis durch die Kündigung nicht aufgelöst ist.

Aufgabe

Bernd B. arbeitet bei der E-AG, die kleine, hochwertige Bluetooth-Lautsprecherboxen herstellt. Beim Verlassen des Werkes wird er am Ausgang von der Sicherheitsabteilung kontrolliert. Man findet in seiner Tasche ein neues, noch originalverpacktes Lautsprecherpaar. B. gibt auf Nachfrage zu, die Artikel gestohlen zu haben.

a) Erläutern Sie, unter welchen Voraussetzungen im Allgemeinen einem Arbeitnehmer fristlos gekündigt werden kann. (6 Punkte)
b) Beschreiben Sie, was unter einer Abmahnung im arbeitsrechtlichen Sinne zu verstehen ist. (4 Punkte)
c) Erläutern Sie, ob im vorliegenden Fall das einmalige Fehlverhalten des Bernd B. eine fristlose Kündigung des Arbeitsverhältnisses rechtfertigt. (4 Punkte)
d) Geben Sie an, wie lange die E-AG als Arbeitgeber Zeit hätte, um eine fristlose Kündigung auszusprechen. (3 Punkte)
e) Beschreiben Sie, was Bernd B. unternehmen könnte, um gegen eine Kündigung rechtlich vorzugehen und innerhalb welcher Frist er dies tun müsste. (4 Punkte)

Lösung

a) Das Arbeitsverhältnis kann aus wichtigem Grund ohne Einhaltung einer Kündigungsfrist gekündigt werden, wenn Tatsachen vorliegen, auf Grund derer dem Kündigenden unter Berücksichtigung aller Umstände des Einzelfalles und unter Abwägung der Interessen beider Vertragsteile die Fortsetzung des Arbeitsverhältnisses bis zum Ablauf der Kündigungsfrist oder bis zu der vereinbarten Beendigung des Arbeitsverhältnisses nicht zugemutet werden kann (§ 626 Abs. 1 BGB). (6 Punkte)
b) Eine wirksame Abmahnung liegt vor, wenn der Arbeitgeber ein bestimmtes pflichtwidriges Verhalten des Arbeitnehmers beanstandet (Rügefunktion) und den Arbeitnehmer darauf hinweist, dass im Wiederholungsfall arbeitsrechtliche Konsequenzen drohen (Warnfunktion). (4 Punkte)
c) Im vorliegenden Sachverhalt hat die E-AG das Recht, eine fristlose Kündigung auszusprechen. Voraussetzung ist ein wichtiger Grund, wobei grundsätzlich eine Einzelfallabwägung vorzunehmen ist. Durch den Diebstahl hat Bernd B. das Vertrauen seines Arbeitgebers missbraucht. Das Vertrauensverhältnis wurde durch den zugegebenen und damit nachgewiesenen Diebstahl nachhaltig zerstört, sodass dem Arbeitgeber eine Fortsetzung

des Arbeitsverhältnisses nicht zuzumuten ist. Eine Abmahnung wäre angesichts der strafbaren Handlung des Arbeitnehmers nicht erforderlich. (4 Punkte)

d) Die Kündigung kann nur innerhalb von zwei Wochen erfolgen. Die Frist beginnt mit dem Zeitpunkt, in dem die E-AG von den für die Kündigung maßgebenden Tatsachen Kenntnis erlangt. Dies ist hier der Tag der Kontrolle und des Geständnisses (vgl. § 626 Abs. 2 BGB). (3 Punkte)

e) B. könnte innerhalb von drei Wochen ab Zugang der schriftlichen Kündigung eine Kündigungsschutzklage vor dem zuständigen Arbeitsgericht erheben. (4 Punkte)

Kommentar: Die Antwort zu a) entspricht im Prinzip dem Gesetzeswortlaut des § 626 Abs. 1 BGB. Hier bietet es sich an, keine »eigenen« Begrifflichkeiten zu verwenden, sondern schlicht den Wortlaut des Gesetzes zu übernehmen.

Hinsichtlich der Erörterung zur Zulässigkeit der außerordentlichen Kündigung bei Antwort c) ist eine kurze Einzelfallabwägung erforderlich. Hierbei sollte zum Ausdruck kommen, dass durch die strafbare Handlung das Vertrauensverhältnis des Arbeitgebers zerstört ist. Die Angaben im Sachverhalt sind dabei entscheidend. Hätte Bernd B. den Diebstahl nicht zugegeben oder wären Zweifel daran aufgekommen, dass er tatsächlich selbst die Lautsprecherboxen in seine Tasche gepackt hätte, müsste die Abwägung anders erfolgen.

Aufgabe

Carlo C. arbeitet im Schichtdienst der E-AG, die rund um die Uhr kleine, hochwertige Bluetooth-Lautsprecherboxen produziert. Die Frühschichten beginnen nach dem bestehenden Arbeitsvertrag um 04.00 Uhr morgens und enden um 12.00 Uhr mittags am selben Tag.

Carlo C. ist der Meinung, dass ihm für seine Arbeitszeit in der Frühschicht Nachtarbeitszuschläge zustehen und fordert diese schriftlich bei der E-AG an. Die E-AG lehnt die Forderung von Carlo C. ab.

Daraufhin erwägt er, seine Arbeitszeit eigenmächtig anzupassen und künftig von 06.00 Uhr morgens bis 14.00 Uhr zur Arbeit zu erscheinen.

a) Erläutern Sie, ob die Frühschicht des Carlo C. als Nachtarbeit zu bewerten ist. Geben Sie dabei die einschlägigen Rechtsnormen an. (8 Punkte)

b) Erläutern Sie, ob Carlo C. einseitig die Schichtdienstzeiten abändern kann. (4 Punkte)

c) Carlo C. erscheint in der weiteren Folge wiederholt von 06.00 Uhr morgens bis 14.00 Uhr zur Arbeit. Die E-AG möchte ihn daraufhin abmahnen. Beschreiben Sie, was man im Allgemeinen unter einer Abmahnung versteht und geben Sie an, welchen Inhalt eine Abmahnung des Carlo C. mindestens haben muss. (8 Punkte)

Lösung

a) Die Frühschicht ist nicht als Nachtarbeit zu werten, weil nach § 2 Abs. 4 Arbeitszeitgesetz (ArbZG) unter Nachtarbeit jene Arbeit fällt, die mehr als zwei Stunden der Nachtzeit umfasst. Nachtzeit ist gemäß § 2 Abs. 3 ArbZG die Zeit von 23.00 Uhr bis 06.00 Uhr bzw. in Bäckereien und Konditoreien die Zeit von 22.00 Uhr bis 05.00 Uhr. Weil Carlo C. während der Frühschicht lediglich für zwei Stunden innerhalb der Nachtzeit und damit nicht »mehr als zwei Stunden der Nachtzeit« arbeitet, liegt keine Nachtarbeit vor. (8 Punkte)

b) Carlo C. kann seine Schichtdienstzeiten nicht einseitig abändern. Die Arbeitszeiten wurden in dem bestehenden Arbeitsvertrag vereinbart. Eine Änderung kann also nur gemeinsam bzw. in Abstimmung mit dem Arbeitgeber erfolgen. (4 Punkte)

c) Eine Abmahnung beinhaltet eine Rüge und eine Warnung (Rüge- und Warnfunktion der Abmahnung). Der Arbeitgeber beanstandet ein bestimmtes pflichtwidriges Verhalten des Arbeitnehmers und weist diesen darauf hin, dass im Wiederholungsfall arbeitsrechtliche Konsequenzen drohen.

Der Inhalt der Abmahnung muss mindestens einerseits die Darstellung der wiederholten Unpünktlichkeit und verschobenen Arbeitszeit unter Angabe der konkreten Tage und Zeiten umfassen und andererseits die Androhung der verhaltensbedingten ordentlichen Kündigung des Arbeitsverhältnisses im Wiederholungsfalle aufzeigen. (8 Punkte)

Kommentar: Die Aufgaben zum Themengebiet Arbeitsrecht erfordern teilweise eine detaillierte inhaltliche Auseinandersetzung mit einzelnen Paragrafen, hier z. B. der Nachtarbeitszeit. Die überwiegende Anzahl der Punkte wird allerdings von allgemeinen Themen – hier: Änderung des Arbeitsvertrages und Inhalte einer Abmahnung – zum Arbeitsrecht abgedeckt, sodass auch ohne Kenntnisse zum Thema Nachtarbeitszeit eine Beantwortung dieser speziellen Fragestellung auf dem Niveau der Note »ausreichend« hätte erfolgen können.

Aufgabe
Dieter D. ist bei der U-GmbH als Bilanzbuchhalter neu eingestellt worden. Die U-GmbH hat insgesamt 130 Mitarbeiter beschäftigt. Bevor er die neue Stelle antritt, macht er sich über die Rechte und Pflichten in einem Arbeitsverhältnis Gedanken.
a) Geben Sie an, um welche Vertragsart es sich beim Arbeitsvertrag handelt und nennen Sie die Hauptleistungspflicht des Arbeitgebers und die des Arbeitnehmers. (6 Punkte)
b) Nennen Sie für den Arbeitgeber und den Arbeitnehmer jeweils zwei Nebenpflichten, die im Rahmen eines Arbeitsverhältnisses bestehen. (8 Punkte)
c) Dieter D. stellt fest, dass in seinem Arbeitsvertrag keine Urlaubsregelung getroffen worden ist. Geben Sie zwei weitere Rechtsgrundlagen an, aus denen sich der Anspruch eines Arbeitnehmers auf Erholungsurlaub ergeben kann. (4 Punkte)
d) Erklären Sie, ob und in welchem Umfang Dieter D. als Arbeitnehmer bei der U-GmbH ein Anspruch auf Erholungsurlaub nach dem Gesetz zusteht. (4 Punkte)

Lösung
a) Der Arbeitsvertrag ist eine Sonderform des Dienstleistungsvertrags im Sinne des § 611 BGB. Er ist ein gegenseitiger Vertrag und Dauerschuldverhältnis.
Den Arbeitnehmer trifft die Arbeitspflicht/Dienstleistungspflicht, wobei er die Arbeit im Zweifel persönlich zu erbringen hat, vgl. §§ 611, 613 S. 1 BGB.
Der Arbeitgeber ist zur Gewährung der vereinbarten Vergütung verpflichtet. (6 Punkte)
b) Die Nebenpflichten des Arbeitgebers sind z. B.:
   - Gewährung von Erholungsurlaub/ggfs. Sonderurlaub
   - Lohn- und Gehaltsabrechnung
   - ordnungsgemäße Abführung der Sozialversicherungsbeiträge
   - Fürsorgepflichten (z. B. Arbeitsschutzgesetz)
   (je Angabe 2 Punkte, max. 4 Punkte)
Die Nebenpflichten des Arbeitnehmers sind z. B.:
   - Treue- und Interessenwahrungspflicht (z. B. Wahrung von Betriebs- und Geschäftsgeheimnissen)
   - Verbot von Beschimpfungen und unwahren Äußerungen über den Arbeitgeber
   - Ausübung nur von vereinbarten Nebentätigkeiten

- Verbot eine Konkurrenztätigkeit zum Arbeitgeber
  (je Angabe 2 Punkte, max. 4 Punkte)
c) Anspruch eines Arbeitnehmers auf Erholungsurlaub kann sich z. B. auch ergeben aus:
   - dem Bundesurlaubsgesetz (BUrlG)
   - dem Tarifvertrag
   - der Betriebsvereinbarung
   (je Angabe 2 Punkte, max. 4 Punkte)
d) Dieter D. hat als Arbeitnehmer der U-GmbH gem. § 3 Abs. 1 BUrlG Anspruch auf den gesetzlichen Mindesturlaub von 24 **Werktagen** pro Kalenderjahr. Als Werktage gelten alle Kalendertage, die nicht Sonn- oder Feiertage sind, aber jedoch der Samstag. Somit gilt, dass – sofern Dieter D. eine »klassische« 5 Tage Woche von Montag bis Freitag hat – der gesetzliche Mindesturlaub mit 20 **Arbeitstagen** erfüllt wird. (4 Punkte)

Kommentar: Der Einstieg in die richtige Lösung ergibt sich aus der Anknüpfung an das Zivilrecht. Als Sonderform des Dienstleistungsvertrags ergeben sich die grundlegenden Regelungen eines Arbeitsvertrages mithin aus dem BGB, sodass die §§ 611ff. BGB bekannt sein müssen. Die bei der Frage d) dargestellte Differenzierung nach Werktagen und Arbeitstagen lässt sich hingegen nicht einfach dem Gesetz entnehmen. Allerdings wäre der Hinweis auf die gesetzliche Regelung des § 3 Abs. 1 BUrlG mit 24 Werktagen auch ohne Umrechnung in Arbeitstage ausreichend gewesen.

Aufgabe

Der bei der U-GmbH neu angestellte Mitarbeiter Dieter D. macht sich auch Gedanken zu der Bedeutung des für ihn geltenden Tarifvertrags.
a) Welche möglichen Tarifvertragsparteien gibt es? Nennen Sie anhand der gesetzlichen Vorschrift zwei mögliche Beispiele. (4 Punkte)
b) Sind Abschlüsse von Tarifverträgen formbedürftig? Wie lautet die gesetzliche Vorschrift?
   (2 Punkte)
c) Nennen Sie drei konkrete Beispiele für Regelungen, die Inhalt eines Tarifvertrags sein können. (6 Punkte)
d) Einige Regelungen des Arbeitsvertrags von Dieter D. unterscheiden sich von den geltenden tarifvertraglichen Vereinbarungen. So beträgt der Urlaubsanspruch nach dem Arbeitsvertrag 30 Tage, während der Tarifvertrag nur 27 Tage vorsieht. Das Weihnachtsgeld ist arbeitsvertraglich mit 300 € vereinbart, während der Tarifvertrag hierbei einen Betrag von 400 € vorsieht.
Welche Ansprüche bestehen für Dieter D. hinsichtlich des Urlaubs- sowie des Weihnachtsgelds. Begründen Sie ihre Entscheidungen. (8 Punkte)

Lösung

a) Das Gesetz sieht als Tarifvertragsparteien einerseits die Gewerkschaften und andererseits die Arbeitgeber vor.
Daneben können auch Spitzenorganisationen (Zusammenschlüsse von Gewerkschaften und von Vereinigungen von Arbeitgebern) Parteien einer Tarifvertrags sein, vgl. § 2 Tarifvertragsgesetz (TVG). (4 Punkte)
b) Gem. § 1 Abs. 2 TVG müssen Tarifverträge schriftlich geschlossen werden. (2 Punkte)
c) Regelungen, die sich üblicherweise in Tarifverträge finden, sind z. B.
   - Höhe des Arbeitsentgelts
   - Regelungen zur Arbeitszeit

- Anspruch der Urlaubstage und des Urlaubsentgelts
- Zulagen wie Weihnachtsgeld, Akkordlöhne, Ruhegeldansprüche
- Kündigungsfristen
- Ausschlussfristen
- Mehrarbeit
- Zusatzversorgungskassen
- Überbetriebliche Ausbildungsstätten. (je 2 Punkte, max. 6 Punkte)

d) Die U-GmbH als Arbeitgeber darf die im Tarifvertrag ausgehandelten Bedingungen nicht unterschreiten, weil es sich dabei um Mindestbedingungen handelt. Soweit jedoch der Arbeitsvertrag über diese Mindestbedingungen hinausgeht (wie hier bei der Anzahl der Urlaubstage), gelten diese für den Arbeitnehmer günstigeren Regelungen (sog. Günstigkeitsprinzip). Daher hat D Anspruch auf 30 Tage Urlaub und 400 € Urlaubsgeld. (8 Punkte)

Kommentar: Gefordert ist, die Lösung zu a) anhand der gesetzlichen Vorschrift darzustellen. Somit ist es erforderlich, den genannten Paragrafen zügig aufzufinden. Anhand des Gesetzes ist es dann recht schnell möglich, die geforderten Lösungen auch für die anderen Teilaufgaben zu entwickeln.

Aufgabe

Der Unternehmer Roland Recht (R) ist Inhaber einer Softwarefirma, die seit acht Jahren sehr erfolgreich kaufmännische Software an unternehmerische Gegebenheiten anpasst. Mittlerweile beschäftigt R. neun Arbeitnehmer, zwei Auszubildende und vier Teilzeitbeschäftigte, deren wöchentliche Arbeitszeit jeweils 15 Stunden beträgt.

a) Der Arbeitnehmer Hans S. ist bereits seit drei Jahren bei R. angestellt. Erläutern Sie, ob das Kündigungsschutzgesetz anwendbar ist. (6 Punkte)
b) Nennen Sie drei Gründe, nach denen eine ordentliche Kündigung sozial gerechtfertigt sein kann und geben sie für jeden Grund ein Beispiel an. (6 Punkte)
c) Damit R. eine wirksame ordentliche Kündigung vornehmen kann, sind einige Formalien zu beachten. Welche sind das? (6 Punkte)

Hinweis: Die gesetzlichen Vorschriften müssen nicht genannt werden.

Lösung

a) Bei der Berechnung der insgesamt beschäftigten Arbeitnehmer werden die Auszubildenden nicht mitgezählt und die vier Teilzeitbeschäftigten mit einem Stundenumfang von 15 Stunden pro Woche zählen als zwei Arbeitnehmer. Insgesamt hat R. mit seinen 9 Vollzeitbeschäftigten mithin 11 Arbeitnehmer.
Somit beschäftigt R. mehr als zehn Arbeitnehmer, § 23 Abs. 1 S. 3 und 4 KSchG. Weil zusätzlich der Arbeitnehmer Hans S. bereits mehr als sechs Monate bei R beschäftigt ist, gilt für Hans S. daher das KSchG. (6 Punkte)

b) Eine ordentliche Kündigung kann aus personen-, verhaltens- oder betriebsbedingten Gründen sozial gerechtfertigt sein. (3 Punkte)
Personenbedingte Gründe sind z. B. eine lang andauernde Arbeitsunfähigkeit oder die Entziehung der Fahrerlaubnis. (max. 1 Punkt)
Verhaltensbedingte Gründe liegen z. B. in Unpünktlichkeit oder verspäteten Krankmeldungen. (max. 1 Punkt)
Betriebsbedingte Kündigungen können sich z. B. aufgrund Teilstilllegungen des Betriebs oder durch einen Auftragsrückgang ergeben. (max. 1 Punkt)

c) Die Kündigung muss
   - schriftlich erfolgen (§ 623 BGB),
   - dem Arbeitnehmer zugegangen sein und
   - die Kündigungsfrist (§ 622 Abs. 2 S. 1 Nr. 1 BGB) beachten. Sie ist gestaffelt und beträgt z. B. bei Arbeitnehmern, deren Arbeitsverhältnis zwei Jahre bestanden hat, einen Monat zum Ende des Kalendermonats. (6 Punkte)

Kommentar: Die geforderte Lösung verlangt teilweise keine Nennung der rechtlichen Vorschriften. Häufig lässt sich jedoch die Lösung leicht aus dem Gesetzestext ablesen, sodass es regelmäßig sinnvoll ist, die Zeit zu investieren, den entsprechenden Paragrafen nachzuschlagen und erst danach mit dem Schreiben der Lösung zu beginnen.

3.1.5.2 Betriebsverfassungsgesetz

> **Definition**
> Das Betriebsverfassungsgesetz regelt die Zusammenarbeit zwischen Arbeitgebern und dem Betriebsrat.

In Unternehmen ohne Betriebsrat gilt das Gesetz deshalb nicht.

Rechtliche Grundlagen
In Unternehmen mit mindestens fünf ständigen Arbeitnehmern wird der Betriebsrat von allen Arbeitnehmern gewählt, die das 18. Lebensjahr vollendet haben. Die Zahl seiner Mitglieder ist abhängig von der Größe des Betriebes (vgl. § 9 BetrVG). Betriebsrat und Arbeitgeber haben vertrauensvoll zusammenzuarbeiten, in strittigen Fragen sollen sie ernsthaft eine Einigung anstreben.

Aufgaben des Betriebsrats
Die wichtigste Aufgabe des Betriebsrates besteht darin, die Einhaltung der zugunsten der Arbeitnehmer erlassenen Gesetze, Verordnungen, Unfallverhütungsvorschriften, Tarifverträge und Betriebsvereinbarungen sicherzustellen. Weitere Aufgaben sind:
- Durchsetzung der Gleichstellung von Frauen und Männern,
- Sicherung der Vereinbarkeit von Familie und Erwerbstätigkeit,
- Sicherung der Gleichbehandlung und Bekämpfung von Diskriminierung,
- Förderung von Maßnahmen zum Arbeitsschutz,
- Förderung von Maßnahmen zum Umweltschutz,
- Förderung der Eingliederung von Schwerbehinderten,
- Förderung der Beschäftigung älterer Arbeitnehmer,
- Förderung der Integration ausländischer Arbeitnehmer,
- Bekämpfung von Rassismus und Fremdenfeindlichkeit im Betrieb.

Mitwirkungsrechte des Betriebsrats
Die unterschiedlichen Rechte des Betriebsrates sind aus Abbildung 3.16 ersichtlich.

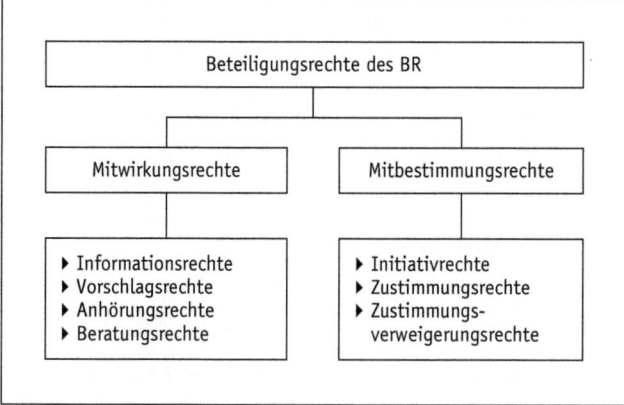

Abb. 3.16: Beteiligungsrechte des Betriebsrates

- Informationsrechte gewährleisten eine frühzeitige Unterrichtung über Vorhaben des Arbeitgebers. Daraus ergibt sich keine Beratungspflicht.
- Vorschlagsrechte sind auf wenige Bereiche beschränkt, z. B. Personalplanung, Förderung der Berufsbildung, Teilnahme an Weiterbildungsveranstaltungen.
- Anhörungsrechte können Entscheidungen des Arbeitgebers blockieren, wenn die Meinung des Betriebsrates nicht eingeholt wird.
- Beratungsrechte verpflichten den Arbeitgeber, die Meinung des Betriebsrates einzuholen und zu diskutieren. Dazu gehören z. B. Fragen der Arbeitsplatzgestaltung, Berufsbildung, Einführung neuer Techniken.
- Initiativrechte (Antragsrechte) gelten für alle sozialen, personellen und wirtschaftlichen Angelegenheiten, für die nach Meinung des Betriebsrates Handlungsbedarf besteht. Der Arbeitgeber ist verpflichtet, die Vorschläge zu prüfen und gegebenenfalls in seine Entscheidungen einfließen zu lassen.
- Zustimmungsrechte sind das stärkste Instrument des Betriebsrates. Bei Fragen der Ordnung im Betrieb, der täglichen Arbeitszeit, der Anwendung von technischen Kontrollgeräten, der Festlegung von Beurteilungsgrundsätzen und bei der Aufstellung des Urlaubsplans ist die Zustimmung des Betriebsrates erforderlich.
- Zustimmungsverweigerungsrechte können die Entscheidung des Arbeitgebers blockieren. Er kann gezwungen sein, seine Entscheidungen vor dem Arbeitsgericht durchzusetzen.

3.1.5.3 Arbeitsrechtliche Schutzbestimmungen

Arbeitsschutzgesetz
Das Arbeitsschutzgesetz setzt eine EU-Richtlinie zum Arbeitsschutz in deutsches Recht um. Es setzt an bei den **allgemeinen Arbeitsbedingungen**, nicht mehr bei der Situation eines einzelnen Mitarbeiters. Daraus ergibt sich die Notwendigkeit von präventiven Maßnahmen, um Gefahren an ihrer Quelle zu bekämpfen und nicht nur ihre Folgen.

> Eine Gefährdung kann sich insbesondere ergeben durch:
> 1. Die Gestaltung und die Einrichtung der Arbeitsstätte und des Arbeitsplatzes,
> 2. physikalische, chemische und biologische Einwirkungen,
> 3. die Gestaltung, die Auswahl und den Einsatz von Arbeitsmitteln, insbesondere von Arbeitsstoffen, Maschinen, Geräten und Anlagen sowie den Umgang damit,
> 4. die Gestaltung von Arbeits- und Fertigungsverfahren, Arbeitsabläufen und Arbeitszeit und deren Zusammenwirken,
> 5. unzureichende Qualifikation und Unterweisung der Beschäftigten,
> 6. psychische Belastung bei der Arbeit.
> (§ 5 Abs. 3 ArbSchG)

Die Wirksamkeit der Präventionsmaßnahmen muss überprüft und dokumentiert werden. Die Mitarbeiter sind verpflichtet, dem Arbeitgeber festgestellte Mängel zu melden, wenn sie Auswirkungen auf Sicherheit und Gesundheit haben können.

Jugendarbeitsschutz
Das Jugendarbeitsschutzgesetz dient dem Schutz von arbeitenden Kindern und Jugendlichen vor Überlastung.
- Kinderarbeit ist grundsätzlich verboten. Für Kinder ab 13 Jahren ausnahmsweise zugelassene leichte und geeignete Arbeiten sind grundsätzlich auf zwei Stunden täglich bzw. zehn Stunden wöchentlich begrenzt.
- Das Mindestalter für eine Beschäftigung beträgt 15 Jahre. Für Arbeiten in der Landwirtschaft und als Zeitungsausträger gibt es aber Ausnahmen.
- Die Arbeitszeit darf nur zwischen 6 und 20 Uhr liegen. Ausnahmen gibt es z. B. für Bäckereien, Gaststätten und kulturelle Veranstaltungen.
- Die Arbeit an Sonntagen ist nur in genau definierten Bereichen (z. B. in Krankenhäusern, im Schaustellergewerbe und beim Sport) zulässig.
- Die Unterrichtszeit in der Berufsschule wird auf die Arbeitszeit angerechnet.
- Akkordarbeiten und gefährliche Arbeiten sind verboten. Enge Ausnahmen bestehen nur im Rahmen der Berufsausbildung.
- Die Wochenarbeitszeit ist auf 40 Stunden bei einer Fünf-Tage-Woche beschränkt.
- Mehrarbeit ist verboten.
- Der Mindesturlaub für Jugendliche beträgt – je nach Alter – 25 bis 30 Werktage.

Mutterschutzgesetz
Der Mutterschutz soll die (werdende) Mutter und ihr Kind vor Gefährdungen, Überforderung und Gesundheitsschädigung am Arbeitsplatz schützen. Außerdem sollen finanzielle Einbußen und der Verlust des Arbeitsplatzes während der Schwangerschaft und nach der Geburt verhindert werden.
- Sechs Wochen vor der Geburt bis zum Ablauf von acht Wochen (bzw. bei Früh- und Mehrlingsgeburten zwölf Wochen) nach der Geburt dürfen werdende Mütter nicht beschäftigt werden.
- Akkord-, Fließband, Mehr-, Sonntags- und Nachtarbeit sind verboten.
- Während der Schwangerschaft bis zum Ablauf von vier Monaten nach der Entbindung ist eine Kündigung durch den Arbeitgeber bis auf wenige Ausnahmen unzulässig.
- Eine Kürzung des Erholungsurlaubs ist nicht zulässig.

- Zum Schutz vor finanziellen Nachteilen wird gezahlt
  - Mutterschaftsgeld,
  - das Arbeitsentgelt bei Beschäftigungsverboten außerhalb der Mutterschutzfristen (sogenannter Mutterschutzlohn),
  - ein Arbeitgeberzuschuss zum Mutterschaftsgeld während der Mutterschutzfristen.
- Über die Zeit des Mutterschutzes hinaus können die Eltern Elterngeld und Betreuungsgeld erhalten.

Schwerbehindertenschutz

Schwerbehinderte Menschen erhalten – unter anderem – besonderen Schutz und Förderung im Arbeitsleben. Teil 2 des SGB IX enthält »Besondere Regelungen zur Teilhabe schwerbehinderter Menschen (Schwerbehindertenrecht)«.

- **Besonderer Kündigungsschutz.** Schwerbehinderten Personen darf nur mit Zustimmung des Integrationsamtes gekündigt werden. Andernfalls ist die Kündigung unwirksam.
- **Zusatzurlaub.** Schwerbehinderte haben Anspruch auf bezahlten zusätzlichen Urlaub von einer Arbeitswoche im Kalenderjahr (§ 125 SGB IX).
- **Beschäftigungspflicht.** Arbeitgeber mit mindestens 20 Arbeitsplätzen müssen auf mindestens 5% der Arbeitsplätze schwerbehinderte Menschen beschäftigen. Andernfalls muss für jeden unbesetzten Pflichtarbeitsplatz eine monatliche Ausgleichsabgabe gezahlt werden.
- **Anspruch auf behinderungsgerechte Beschäftigung.** Schwerbehinderte in einem bestehenden Arbeitsverhältnis haben Anspruch (§ 81 Abs. 4 SGB IX) auf:
  - Beschäftigung, bei der sie ihre Fähigkeiten und Kenntnisse möglichst voll verwerten und weiterentwickeln können.
  - bevorzugte Berücksichtigung bei innerbetrieblichen Maßnahmen der beruflichen Bildung zur Förderung ihres beruflichen Fortkommens.
  - Erleichterungen zur Teilnahme an außerbetrieblichen Maßnahmen der beruflichen Bildung.
  - Anspruch auf behinderungsgerechte Einrichtung des Arbeitsplatzes
  - Ausstattung des Arbeitsplatzes mit den erforderlichen technischen Arbeitshilfen.
- **Diskriminierungsverbot.** Im Fall der Diskriminierung eines schwerbehinderten Menschen besteht eine erhebliche Beweiserleichterung. Die Beweislast wird zu Lasten des Arbeitgebers umgekehrt, wenn eine Benachteiligung des schwerbehinderten Menschen vermutet werden kann.

Arbeitszeitgesetz

Die Rahmenbedingungen für die Arbeitszeiten der Arbeitnehmer sollen die Sicherheit und den Gesundheitsschutz bei der Arbeitszeitgestaltung gewährleisten und die Einführung von flexiblen Arbeitszeiten erleichtern. Die Grundregeln, von denen es allerdings eine Reihe von Ausnahmen gibt, lauten:

- Die werktägliche Arbeitszeit darf acht Stunden nicht überschreiten (§ 3 ArbZG).
- Eine Verlängerung auf bis zu zehn Stunden ist nur möglich, wenn innerhalb von sechs Kalendermonaten oder innerhalb von 24 Wochen eine durchschnittliche Arbeitszeit von acht Stunden werktäglich nicht überschritten wird.
- Arbeitnehmer dürfen grundsätzlich an Sonn- und Feiertagen nicht beschäftigt werden (§ 9 ArbZG).

- Die Arbeit muss durch – im Voraus feststehende – Ruhepausen unterbrochen werden:
  - Bei einer Arbeitszeit von mehr als sechs bis zu neun Stunden mindestens 30 Minuten.
  - Bei einer Arbeitszeit von mehr als neun Stunden 45 Minuten.
- Nach Beendigung der täglichen Arbeitszeit müssen Arbeitnehmer eine ununterbrochene Ruhezeit von mindestens elf Stunden haben.

Urlaubsgesetz

> **Hinweis**
> Jeder Arbeitnehmer hat in jedem Kalenderjahr Anspruch auf bezahlten Erholungsurlaub, (§ 1 BUrlG).

Der Mindesturlaub beträgt bei einer 6-Tage-Woche mindestens 24 Werktage, bei einer 5-Tage-Woche mindestens 20 Arbeitstage im Kalenderjahr. Der Anspruch beginnt, wenn das Arbeitsverhältnisses sechs Monate ununterbrochen besteht. Für Jugendliche und Schwerbehinderte gelten Sondervorschriften.

Das Urlaubsentgelt, also der bezahlte Erholungsurlaub, richtet sich nach dem durchschnittlichen Arbeitsverdienst der letzten 13 Wochen vor dem Beginn des Urlaubs, § 11 BUrlG.

3.1.6 Grundsätze des Wettbewerbsrechts

Um einen funktionsfähigen Wettbewerb zu erhalten, kommt in einer Marktwirtschaft den Regelungen gegen **Wettbewerbsbeschränkungen** eine besondere Bedeutung zu. In Deutschland sollen u. a. das Gesetz gegen Wettbewerbsbeschränkungen (**GWB**) wirtschaftliche Konzentration verhindern und das Gesetz gegen unlauteren Wettbewerb (**UWG**) Verbraucherschutz garantieren. **Europäische Regelungen** umfassen ein Kartellverbot, eine Missbrauchsaufsicht und eine Fusionskontrolle.

Gesetz gegen unlauteren Wettbewerb
Konkurrenten, Verbraucher und sonstige Marktteilnehmer sollen vor unlauterem Wettbewerb geschützt werden.

> **Definition**
> Unlautere geschäftliche Handlungen sind unzulässig, § 3 Abs. 1 UWG. Geschäftliche Handlungen, die sich an einen Verbraucher richten oder diesen erreichen, sind unlauter, wenn sie nicht der unternehmerischen Sorgfalt entsprechen und dazu geeignet sind, das wirtschaftliche Verhalten des Verbrauchers wesentlich zu beeinflussen, § 3 Abs. 2 UWG.

Unter solche unlauteren geschäftliche Handlungen fallen z. B.:
- Ausnutzen der geschäftlichen Unerfahrenheit von Konkurrenten und/oder Verbrauchern,
- Ausnutzen einer Zwangslage,
- sogenannte Schleichwerbung,
- Herabsetzung des Konkurrenten (z. B. durch Rufschädigung),
- irreführende Werbung,
- unzumutbare Belästigung (z. B. unaufgeforderte Telefonwerbung oder Spam-E-Mails).

Recht und Steuern

Aufgeführt sind auch Straftatbestände wie
- Irreführung durch unwahre Angaben,
- Schneeballsysteme,
- Geheimnisverrat.

Vergleichende Werbung ist ebenfalls im UWG geregelt und seit 2000 aufgrund einer EG-Richtlinie erlaubt. Die getroffenen Aussagen müssen der Wahrheit entsprechen und objektiv nachprüfbar sein. Sie dürfen nicht irreführend sein und Wettbewerber nicht verunglimpfen oder herabsetzen.

Aufgabe

Der Discounter IDLA bietet in seinen nahezu 2.000 Filialen in Süd- und Westdeutschland neuerdings auch Backwaren zu vergleichsweise günstigen Preisen an. Dabei benutzt er Backautomaten, bei denen der Kunde auf einen Knopf drückt und bei denen dann kurze Zeit später die warme Ware kommt. Brötchen kosten dabei nur rd. 15 €-Cent. Die Ausgangsprodukte für die Backautomaten werden von einer Großbäckerei für alle Filialen des Discounters geliefert.

Der Discounter wirbt mit der Aussage »Ab sofort backen wir den ganzen Tag Brot und Brötchen frisch für Sie.«

Dagegen wehren sich die Bäcker durch den Zentralverband des Deutschen Bäckereihandwerks, weil Sie dem Discounter irreführende Werbung vorwerfen. Die Backautomaten erhitzen bzw. bräunen lediglich die vorgebackenen Backwaren. Aus Sicht des Verbrauchers werde an keiner Stelle deutlich, dass tatsächlich ein Großbackunternehmen die wesentlichen Backschritte, weit entfernt von den Filialen, industriell vornimmt. Aus diesem Grunde verlangt der Zentralverband des Deutschen Bäckerhandwerks eine Unterlassung dieser Werbung.

a) Benennen Sie, aus welchem Gesetz sich eine Anspruchsgrundlage für die Klage auf Unterlassung ergeben könnte. (2 Punkte)
b) Erläutern Sie, ob die Werbung des Discounters irreführend sein könnte und daher die Klage des Zentralverbandes des Deutschen Bäckerreihandwerkes Aussicht auf Erfolg haben könnte. Wägen Sie die Antwort durch die beiden unterschiedlichen Sichtweisen gegeneinander ab. (18 Punkte)

Lösung

a) Anspruchsgrundlage ist das Gesetz gegen unlauteren Wettbewerb, UWG. (2 Punkte)
b) Werbung wäre irreführend, wenn sie unwahre Angaben oder sonstige zur Täuschung geeignete Angaben hinsichtlich des Verfahrens zur Herstellung der Backwaren enthält (§ 5 Abs. 1 Nr. 1 UWG).

Die Formulierung »Wir backen für Sie frisch ...« könnte geeignet sein, irrezuführen. Es entsteht nämlich der Eindruck, dass die Backwaren in betrieblicher Herstellung produziert werden. Dies entspricht aber nicht der Realität, weil die Herstellung zu einem überwiegenden Anteil durch eine Großbäckerei erfolgt.

Andererseits ist die endgültige Herstellung einer Backware aus einem vorgebackenen Produkt ein wesentlicher Schritt in der Herstellung der Produkte. Daher kann auch argumentiert werden, dass die Werbung zulässig ist, weil frische Backwaren hergestellt werden.

(18 Punkte)

Kommentar: Für das Erreichen der maximalen Punktanzahl kommt es nicht darauf an, sich für ein bestimmtes Ergebnis zu entscheiden. Wichtig ist, dass beide Standpunkte kurz skizziert werden. Die Nennung von Paragrafen ist erneut nicht erforderlich. Der Schwerpunkt der Aufgabe liegt in der Abwägung beider Positionen, bei der der Gesetzeswortlaut ohnehin nicht weiterhilft.

Gesetz gegen Wettbewerbsbeschränkungen

Das Gesetz gegen Wettbewerbsbeschränkungen (**Kartellgesetz**) regelt Kartellvereinbarungen, Vertikalvereinbarungen und Maßnahmen gegen Marktbeherrschung. Dadurch soll der funktionsfähige Wettbewerb gesichert werden, Beschränkungen jeder Art sollen so weit wie möglich verhindert werden.

> **Definition**
> Kartelle sind Vereinbarungen von rechtlich selbstständigen Unternehmen. Die Beteiligten verfolgen das Ziel, gemeinsam eine Marktbeeinflussung zu erreichen.

Auf die Form des Kartells kommt es dabei nicht an. Kartelle sind verboten.

> **Hinweis**
> Vereinbarungen zwischen Unternehmen, Beschlüsse von Unternehmensvereinigungen und aufeinander abgestimmte Verhaltensweisen, die eine Verhinderung, Einschränkung oder Verfälschung des Wettbewerbs bezwecken oder bewirken, sind verboten, § 1 GWB.

Ausnahmen bilden nur Mittelstandkartelle (§ 3 GWB) und die sogenannten Freigestellten Vereinbarungen (§ 2 GWB).

Mittelstandskartelle sind zulässig, wenn sie die Wettbewerbsfähigkeit kleiner und mittlerer Unternehmen verbessern und den Wettbewerb nicht wesentlich beeinträchtigen. Beispiele sind Vereinbarungen über den gemeinsamen Einkauf oder den gemeinsamen Vertrieb von Waren.

Eine **Freigestellte Vereinbarung** liegt vor, wenn eine wettbewerbsbeschränkende Maßnahme

- zur Verbesserung der Warenerzeugung oder -verteilung beiträgt und
- die Verbraucher an dem durch die Vereinbarung entstehenden Vorteilen angemessen beteiligt werden, und
- die Wettbewerbsbeschränkung unerlässlich ist, um die angestrebten Verbesserungen zu erreichen und
- der Wettbewerb nicht ausgeschaltet wird.

Beispiel
Die Hersteller von DVD-Recordern einigen sich auf einen einheitlichen technischen Standard.

Eine **marktbeherrschende Stellung** wird angenommen, wenn ein Unternehmen auf dem relevanten Markt

- ohne Wettbewerber ist oder keinem wesentlichen Wettbewerb ausgesetzt ist oder
- eine im Verhältnis zu seinen Wettbewerbern überragende Marktstellung hat.

Nach dem GWB wird vermutet, dass eine marktbeherrschende Stellung in folgenden Fällen vorliegt:

bei einem Unternehmen	ab 40 % Marktanteil
bis max. 3 Unternehmen	ab 50 % Marktanteil
bis max. 5 Unternehmen	⅔ Marktanteil

Kontrollpflichtige Fälle sind vorher anzumelden (§ 39 GWB). Das **Bundeskartellamt** kann Zusammenschlüsse von Unternehmen verbieten, missbräuchliche Verhaltensweisen untersagen, Auflagen erteilen und bei Verstößen Geldbußen verhängen.

Wenn zu erwarten ist, dass durch einen Zusammenschluss eine marktbeherrschende Stellung begründet oder verstärkt wird, muss ihn das Bundeskartellamt untersagen. Eine Ausnahme ist möglich, wenn die beteiligten Unternehmen nachweisen, dass eine Verbesserung der Wettbewerbsbedingungen eintritt und dadurch die Nachteile der Marktbeherrschung ausgeglichen werden.

Der Bundesminister für Wirtschaft kann auf Antrag einen bereits vom Bundeskartellamt untersagten Zusammenschluss erlauben, wenn im Einzelfall die Wettbewerbsbeschränkung von gesamtwirtschaftlichen Vorteilen aufgewogen wird oder wenn der Zusammenschluss durch ein überragendes Interesse der Allgemeinheit gerechtfertigt ist (»**Ministererlaubnis**«).

3.1.7 Gewerberecht und Gewerbeordnung

Das Gewerberecht ist Teil des Wirtschaftsverwaltungsrechts, das der Ordnung, Förderung, Lenkung und Überwachung der wirtschaftlichen Aktivitäten dient. Regelungen dazu finden sich in der Gewerbeordnung und zahlreichen Sondergesetzen. Wichtige Bestimmungen enthalten

- die Handwerksordnung
- das Gaststättengesetz
- das Ladenschlussgesetz
- das Personenbeförderungsgesetz,
- das Eich- und Messgesetz
- das Schornsteinfeger-Handwerksgesetz
- zahlreiche arbeitsrechtliche Gesetze.

Gewerbefreiheit
Die Gewerbefreiheit ist im Grundgesetz verankert, sie ergibt sich aus Art. 2 Abs. 1 und Art 12 Abs. 1 GG. Im Rahmen der gesetzlichen Bestimmungen ist es jedermann gestattet, einer wirtschaftlichen Betätigung nachzugehen.

> **Hinweis**
> Der Betrieb eines Gewerbes ist jedermann gestattet, soweit nicht durch dieses Gesetz Ausnahmen oder Beschränkungen vorgeschrieben oder zugelassen sind, § 1 Abs. 1 GewO.

In der Regel ist für die Eröffnung eines Gewerbes lediglich die Anzeige bei der zuständigen Behörde erforderlich. Allerdings gibt es zahlreiche erlaubnispflichtige Gewerbe, bei denen eine behördliche Zulassung notwendig ist. Sie sollen insb. der Gefahrenabwehr, der öffentlichen Sicherheit und der Gesundheit dienen.

Beispiele

- private Krankenpflege
- Handel mit Waffen
- Betrieb von Schank- und Speisewirtschaften
- Beförderung von Personen mit Omnibussen, Mietwagen, Taxis
- Altenpflege
- Kinderbetreuung
- Finanzdienstleistungen
- Anlagenberatung und -vermittlung
- Betrieb einer Apotheke

Als Handwerker kann jedermann arbeiten, zur Ausübung des Gewerbes ist jedoch für einige Handwerksberufe eine Meisterprüfung erforderlich. Insb. die Handwerksberufe, deren Ausübung eine Gefahr für die Gesundheit oder das Leben Dritter begründen kann, besteht weiterhin eine Meisterpflicht. Dies gilt z. B. für Dachdecker, Maurer- und Betonbauer, Gerüstbauer, Schornsteinfeger, Fleischer, Elektrotechniker ... usw.

Konsequenterweise gilt der Meisterzwang nicht mehr für Fliesenleger, Fotografen, Raumausstatter, Schneider, Parkettleger ... etc.

Gewerbeaufsicht
Die Gewerbeordnung dient darüber hinaus auch der Gefahrenabwehr. Die Gewerbeaufsichtsämter überwachen die Einhaltung der Arbeitsschutzbestimmungen und die Betriebssicherheit. Wenn die Ausübung eines Gewerbes für die im Betrieb Beschäftigten oder für die Allgemeinheit eine Gefahr darstellt, kann sie ganz oder teilweise untersagt werden. Dieser Eingriff in die grundsätzlich bestehende Gewerbefreiheit wird in das Gewerbezentralregister eingetragen (§§ 149 ff. GewO).

3.2 Steuerrechtliche Bestimmungen

3.2.1 Grundbegriffe des Steuerrechts

Eine Definition von Steuern findet sich in § 3 der Abgabenordnung (AO):

> **Definition**
> Steuern sind Geldleistungen, die nicht eine Gegenleistung für eine besondere Leistung darstellen und von einem öffentlich-rechtlichen Gemeinwesen zur Erzielung von Einnahmen allen auferlegt werden, bei denen der Tatbestand zutrifft, an den das Gesetz die Leistungspflicht knüpft; die Erzielung von Einnahmen kann Nebenzweck sein.

Hiervon zu unterscheiden sind Gebühren und Beiträge, da sie die obige Definition nicht erfüllen.

Der Erlass der Steuergesetze erfolgt seitens der Legislative, also der Gesetzgebung (Bundestag, Bundesrat), während die Exekutive (Finanzverwaltung, Finanzamt, Steuerfahndung) als eingreifende bzw. vollziehende Gewalt die Steuern erhebt und verwaltet. Die Judikative als dritte Staatsgewalt (Rechtsprechung der Finanzgerichte und des Bundesfinanzhofs) ermöglicht eine rechtsstaatliche Überprüfung sowohl der Rechtsnormen, als auch deren rechtskonformer Anwendung seitens der Finanzverwaltung.

Die Einteilung der Steuern kann nach unterschiedlichen Gesichtspunkten erfolgen, Abbildung 3.17 zeigt eine Einteilung nach Steuerarten.

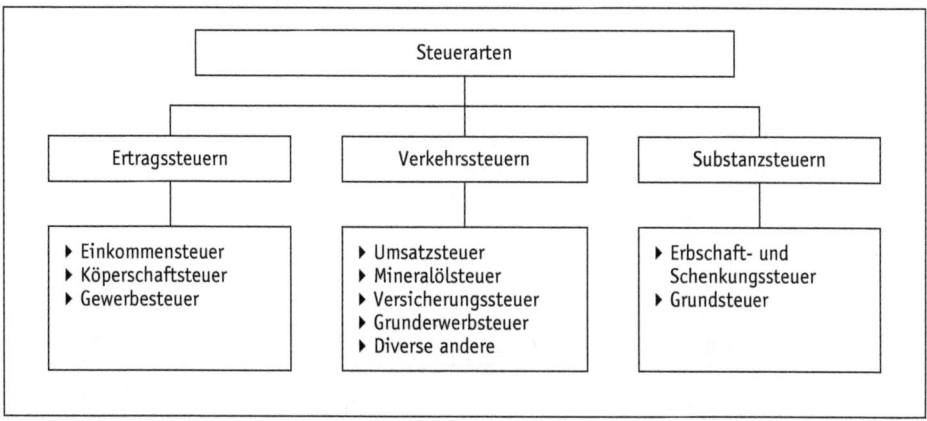

Abb. 3.17: Steuerarten

Eine weitere Einteilung kann nach Besitz-, Verbrauchs- und Verkehrssteuern erfolgen. Zu den **Besitzsteuern** zählen die Steuern vom Einkommen (Ertragssteuern wie z. B. Einkommen- und Körperschaftsteuer) sowie die Steuern vom Vermögen (Substanzsteuern wie z. B. Grundsteuer und Erbschaft- und Schenkungsteuer).

Bei den **Verbrauchssteuern** werden Steuern auf den Verbrauch von einzelnen Gütern und Dienstleistungen erhoben (wie z. B. Energie- und Kaffeesteuer).

Bei den **Verkehrssteuern** wird eine Steuer auf die Teilnahme am Rechts- und Wirtschaftsverkehr erhoben. Diese Steuern knüpfen an die Übertragung von Gütern im Leistungsaustausch an (wie z. B. Umsatz- und Grunderwerbsteuer).

Die Abbildungen 3.18 und 3.19 verdeutlichen die Verteilung der Steuerarten auf die Gebietskörperschaften (beispielhafte Aufzählung).

Nach Art. 106 Abs. 3 des Grundgesetzes stehen die wichtigsten Steuern Bund und Ländern und teilweise den Gemeinden gemeinschaftlich zu. Siehe Abbildung 3.18 und 3.19.

Von der Umsatzsteuer steht dem Bund ein Vorabbetrag in Höhe von 4,45 % und ein weiterer Vorabbetrag für die Rentenversicherung in Höhe von 5,05 % zu. Die Gemeinden bekommen vorab einen Umsatzsteueranteil in Höhe von 2,2 % zuzüglich eines Betrags von 500 Millionen Euro. Vom verbleibenden Aufkommen entfallen auf den Bund 49,7 v.H. und auf die Länder 50,3 v.H., wovon den Ländern ein zusätzlicher Festbetrag (2015 rund 99,8 Millionen Euro) zusteht. Die Anteile von Bund und Ländern an der Umsatzsteuer bilden den einzigen Posten im Rahmen der bundesstaatlichen Aufteilung der Steuererträge, der durch ein einfaches Bundesgesetz geändert werden kann und damit relativ variabel ist. Daraus ergibt sich zwangsläufig die weitreichende politische Bedeutung der Festsetzung des jeweiligen Beteiligungsverhältnisses. Das entsprechende Bundesgesetz bedarf der Zustimmung des Bundesrates.

Recht und Steuern

Bundessteuern	Beispiele
	Versicherungssteuer Kraftfahrzeugsteuer Energiesteuer (vormals Mineralölsteuer) Stromsteuer Tabaksteuer Kaffeesteuer Branntweinsteuer Schaumweinsteuer Alkopopsteuer Solidaritätszuschlag
Ländersteuern	z. B.
	Erbschaft- und Schenkungsteuer Grunderwerbsteuer Biersteuer Rennwettsteuer Lotteriesteuer Feuerschutzsteuer Spielbankabgabe
Gemeindesteuern	z. B.
	Gewerbesteuer Grundsteuer Vergnügungssteuer Schankerlaubnissteuer Jagd- und Fischereisteuer Hundesteuer Getränkesteuer

Abb. 3.18: Bundes-, Länder- und Gemeindesteuern

Verteilung der Steuern auf die Gebietskörperschaften

Gemeinschaftliche Steuern	Bund	Länder	Gemeinden
Körperschaftsteuer	50 %	50 %	–
Einkommensteuer	42,5 %	42,5 %	15 %
Umsatzsteuer	53,21 %	44,56 %	2,23 %
Kaitalertragsteuer	44 %	44 %	12 %

Abb. 3.19: Gemeinschaftliche Steuern
Steuerverteilung (Stand März 2015, Quelle: Ministerium für Finanzen und Wirtschaft Baden Württemberg)

Aufgabe

Unterscheiden Sie die folgenden Begriffe nennen Sie jeweils zwei Beispiele
a) Steuern (4 Punkte)
b) Gebühren (4 Punkte)
c) Beiträge (öffentlich-rechtliche) (4 Punkte)

Lösung

a) Steuern sind Geldleistungen, die nicht eine Gegenleistung für eine besondere Leistung darstellen und von einem öffentlich-rechtlichen Gemeinwesen zur Erzielung von Einnahmen allen auferlegt werden, bei denen der Tatbestand zutrifft, an den das Gesetz die Leistungspflicht knüpft, § 3 Abs. 1 AO.
Beispiele: Einkommensteuer; Umsatzsteuer

b) Gebühren werden als Gegenleistung für konkrete Einzelleistungen der öffentlichen Hand erhoben.
Beispiele: Straßenreinigungsgebühren; Müllgebühren

c) Beiträge der öffentlichen Hand werden erhoben, um eine Inanspruchnahme öffentlich-rechtlicher Leistungen zu ermöglichen, wobei es unerheblich ist, ob eine entsprechende Leistung auch in Anspruch genommen wird.
Beispiele: Beiträge zur Sozialversicherung; Erschließungsbeitrag für ein Grundstück.

Kommentar: Während sich die Lösung zum Aufgabenteil a) aus der gesetzlichen Fundstelle ableiten und abschreiben lässt, müssen die Definitionen zu den Aufgabenteilen b) und c) frei beherrscht werden, da sie sich so nicht aus einem Gesetzestext ergeben. Wichtig ist zudem, dass hier zusätzlich jeweils zwei Beispiele zu nennen sind, die im Ergebnis die Hälfte der zu vergebenden Punkte ausmachen. Selbstverständlich sind auch andere Nennungen als in der Lösung dargestellt möglich. Zu beachten ist zudem beim Aufgabenteil c), dass es sich um öffentlich-rechtliche Beiträge handeln soll und nicht um Beiträge für ein Fitness-Studio u. Ä.

Aufgabe
Erläutern Sie, welche Aufgaben und Befugnisse aus steuerrechtlicher Sicht die
a) Legislative
b) Exekutive
c) Judikative
    haben. (9 Punkte)

Lösung

a) Die Legislative erlässt als gesetzgebende, erste Staatsgewalt (Bundestag, Bundesrat) die Steuergesetze. Hierbei hat sie die übergreifenden Regelungen des Grundgesetzes zu beachten, wie z. B. den Gleichheitsgrundsatz nach Art. 3 GG und den Schutz von Ehe und Familie in Art. 6 GG.

b) Die Exekutive als zweite, eingreifende bzw. vollziehende Staatsgewalt, erhebt und verwaltet die Steuern (Finanzverwaltung, Finanzamt, Steuerfahndung), wobei die von der Legislative erlassenen Steuergesetze vollzogen werden. Dies erfolgt unter Anwendung und Berücksichtigung von Verwaltungsvorschriften (z. B. Durchführungsverordnungen) und geltender Rechtsprechung, die durch die Judikative erfolgt.

c) Die Judikative als dritte, rechtsprechende Staatsgewalt, ermöglicht eine rechtsstaatliche Überprüfung sowohl der Rechtsnormen, als auch deren rechtskonformer Anwendung seitens der Finanzverwaltung (Exekutive). Bei den Instanzen handelt es sich um die Finanzgerichte und den Bundesfinanzhof (BFH).

Kommentar: Die hier gefragten Aufgaben und Befugnisse können aus keiner vorliegenden Rechtsnorm abgeleitet werden und müssen frei beherrscht werden. Die Nennung von Rechtsnormen ist nicht gefordert und erfolgt in der Lösung zum Aufgabenteil a) nur der besseren Nachvollziehbarkeit halber.

Aufgabe
In Deutschland gibt es eine Vielzahl unterschiedlicher Steuerarten.
a) Erläutern Sie für die folgenden Beispiele, welche Steuer jeweils anfällt.
  1. Die Angestellten eines Unternehmens bekommen ihr Gehalt ausgezahlt.
  2. Das Unternehmen verfügt über einen Fuhrpark mit diversen Pkw und Transportern. Geben Sie zu diesem Punkt **drei** Steuerarten an.
  3. Für die Produktion werden Rohstoffe eingekauft.
  4. Zur Erweiterung des Unternehmens wird ein Nachbargrundstück erworben.
  5. Das Unternehmen ist bereits vor dem o. g. Kauf Eigentümer verschiedener Grundstücke.
  (7 Punkte)
b) Nennen Sie je zwei Beispiele für Besitz-, Verbrauchs- und Verkehrssteuern. (6 Punkte)

Lösung
a) anfallende Steuerarten
  1. Bei der Auszahlung des Gehalts behält das Unternehmen **Lohnsteuer** ein.
  2. Beim Unterhalt eines Fuhrparks fallen **Kraftfahrzeugsteuern**, **Energiesteuern**, **Versicherungssteuern** an. Zudem kann ein **Vorsteuerabzug** (abziehbare Umsatzsteuer) in Anspruch genommen werden soweit diese auf den Eingangsrechnungen gesondert ausgewiesen wird.
  3. Es wird ein **Vorsteuerabzug** (abziehbare Umsatzsteuer) in Anspruch genommen, soweit diese auf den Eingangsrechnungen gesondert ausgewiesen wird.
  4. Es fällt Grunderwerbsteuer an.
  5. Es fällt Grundsteuer an.
b) Besitzsteuern
  - Hierzu zählen z. B. (vom Einkommen) Einkommensteuer, Lohnsteuer, Körperschaftsteuer, Gewerbesteuer und (vom Vermögen) Grundsteuer, Erbschaft- und Schenkungsteuer

  Verbrauchsteuern
  - Hierzu zählen z. B. Energiesteuer, Tabaksteuer, Biersteuer und Kaffeesteuer.

  Verkehrssteuern
  - Hierzu zählen z. B. Umsatzsteuer, Feuerschutzsteuer, Versicherungssteuer und Grunderwerbsteuer.

Kommentar: Die Lösung kann weitestgehend nicht aus Gesetzestexten abgeleitet werden und setzt Grundkenntnisse des Steuerrechts voraus. Zum Lösungsteil b) sind jeweils nur zwei Steuerarten zu nennen. Weitergehende Nennungen erfolgen hier nur zu Lernzwecken, führen in der Klausur aber zu keiner zusätzlichen Punktevergabe.

Aufgabe
Nach der Definition des § 3 AO sind Steuern Geldleistungen, die nicht eine Gegenleistung für eine besondere Leistung darstellen.
a) Stellen Sie die beiden Wesensmerkmale dar, die in der Definition des § 3 AO enthalten sind und erläutern Sie diese. Stellen sie zudem dar, wodurch sich Steuern von Gebühren unterscheiden. (6 Punkte)

b) Erläutern Sie, wie sich unterschiedliche Steuern auf die Liquidität und das Ergebnis (Jahresüberschuss) eines Unternehmens auswirken und nennen Sie jeweils ein Beispiel für Steuern, die sich auf das steuerliche Ergebnis bzw. nicht auf das steuerliche Ergebnis auswirken. (4 Punkte)

Lösung
a) Bei den Wesensmerkmalen handelt es sich um die Begriffe **Geldleistungen** und **Gegenleistung.**
- Geldleistungen: Steuern sind monetäre Größen. Hierzu gehören nicht Sach- und Dienstleistungen. Steuern sind somit in Geldbeträgen zu entrichten.
- Gegenleistung: Steuern sind unabhängig davon zu entrichten, ob und in welcher Höhe der Steuerzahler Leistungen des Gemeinwesens (Gemeinde, Land, Bund) in Anspruch nimmt.
- Während Steuern also keine konkrete Gegenleistung gegenübersteht, ist dies bei Gebühren der Fall (z. B. für die Ausstellung eines Personalausweises oder die Zulassung eines Pkw).

b) Die Zahlung von Steuern führt, unabhängig von der Steuerart, zu einem Abfluss von Liquidität (Geldmitteln).
Auf das steuerliche Ergebnis wirken sich nur Steuern aus, deren Abzug als Betriebsausgabe zulässig ist. Hierzu gehören z. B. Kfz-Steuer, Grundsteuer und Mineralölsteuer. Nicht als Betriebsausgabe abgezogen werden dürfen z. B. Gewerbesteuer (§ 4 Abs. 5b EStG) und Grunderwerbsteuer (gehört zu den Anschaffungskosten des Grundstücks).

Kommentar: Bei der Lösung dieser Aufgabe sind allgemeine Grundkenntnisse des Steuerrechts gefragt. Wichtig ist, darauf zu achten, die Aufgabe auch vollständig zu lösen, d. h., zum Aufgabenteil a) neben der Erläuterung der allgemeinen Begriffe auch auf die geforderte Abgrenzung Steuern/Gebühren vorzunehmen. Zum Aufgabenteil b) ist zudem die Nennung von zwei Beispielen gefordert. Die hier in der Lösung vorgenommenen zusätzlichen Nennungen dienen lediglich zu Lernzwecken und würden bei der Klausurkorrektur nicht zusätzlich bepunktet.

3.2.2 Unternehmensbezogene Steuern

3.2.2.1 Einkommensteuer

> **Definition**
> Die Einkommensteuer (ESt) ist eine **Ertragsteuer.** Sie erfasst das Einkommen von natürlichen Personen, wobei sich die Höhe der Steuer nach der persönlichen Leistungsfähigkeit des Einzelnen richtet.

Im Rahmen der Veranlagung wird die Einkommensteuer jeweils für ein Kalenderjahr (§ 25 Abs. 1 EStG) ermittelt und festgesetzt.
Abbildung 3.20 zeigt die Unterschiede zwischen persönlicher und die sachlicher Steuerpflicht.

Persönliche Steuerpflicht	
unbeschränkt	**beschränkt**
Der unbeschränkten Steuerpflicht unterliegen natürliche Personen von der Geburt bis zum Tod, die im Inland einen Wohnsitz oder ihren gewöhnlichen Aufenthalt haben, § 1 Abs. 1 EStG.	Die beschränkte Steuerpflicht gilt für natürliche Personen, die im Inland keinen Wohnsitz oder gewöhnlichen Aufenthalt haben, jedoch inländische Einkünfte i. S. d. § 49 EStG erzielen.
Ihre sämtlichen Einkünfte aus dem In- und Ausland (»Welteinkommensprinzip«) unterliegen der Einkommensteuerpflicht	Nur ihre inländischen Einkünfte unterliegen der Einkommensteuerpflicht
Beispiel: M. hat ihren Wohnsitz in Hamburg und erzielt u. a. Einkünfte aus der Vermietung einer Finca in Spanien.	**Beispiel:** M. hat ihren Wohnsitz in Spanien und erzielt Einkünfte aus der Vermietung von Wohnungen in Hamburg.

Abb. 3.20: Unterschiede zwischen persönlicher beschränkter und unbeschränkter Steuerpflicht

Um jedoch Doppelbesteuerungen, die sich aus der Besteuerung von Einkünften in verschiedenen Ländern ergeben können, zu verhindern, gibt es mit einer Vielzahl von ausländischen Staaten sogenannte Doppelbesteuerungsabkommen. Diese Regeln, welcher Staat letztendlich das Besteuerungsrecht hat.

Die Höhe der individuell zu zahlenden Einkommensteuer richtet sich nach dem Steuertarif. Dieser ist progressiv ausgelegt, erhöht sich also mit steigendem zu versteuernden Einkommen, § 32 a EStG. Der sogenannte Grundfreibetrag, bis zu dem keine Einkommensteuer erhoben wird, liegt für 2015 im Grundtarif bei 8.472 € und im Splittingtarif (Ehegatten) bei 16.944 €.

Der Eingangssteuersatz, nach Abzug des Grundfreibetrags, liegt bei 14 %, der Spitzensteuersatz ab einem zu versteuernden Einkommen von 52.882 € bei 42 %. Dieser Tarif erhöht sich ab einem zu versteuernden Einkommen von 250.731 € auf 45 %. Diese Erhöhung ist auch unter dem Stichwort »Reichensteuer« bekannt. Die vorgenannten Werte gelten jeweils für den Grundtarif. Für 2016 ergeben sich geringfügig andere Werte (Grundfreibetrag 8.652 €/17.304 €).

Nach der Höhe der Einkommensteuer richtet sich dann die Höhe des **Solidaritätszuschlags** (5,5 % der Einkommensteuer) und der **Kirchensteuer** (unterschiedlich je nach Bundesland 8 % oder 9 % der Einkommensteuer).

Die **sachliche Steuerpflicht** bezieht sich auf den Umfang der Besteuerung. Die Ermittlung des zu versteuernden Einkommens ergibt sich aus dem (verkürzten) Schema in Abbildung 3.21.

Vermögensmehrungen, die nicht unter die sieben Einkunftsarten fallen, unterliegen nicht der Einkommensteuer.

Recht und Steuern

		Gesetzliche Regelung	Erläuterung
	Einkünfte aus Land- und Forstwirtschaft	§ 13 EStG	Gewinneinkünfte
+	Einkünfte aus Gewerbebetrieb	§ 15 EStG	
+	Einkünfte aus selbstständiger Arbeit	§ 18 EStG	
+	Einkünfte aus nichtselbstständiger Arbeit	§ 19 EStG	Überschusseinkünfte
+	Einkünfte aus Kapitalvermögen	§ 20 EStG	
+	Einkünfte aus Vermietung und Verpachtung	§ 21 EStG	
+	sonstige Einkünfte	§ 22 EStG	
=	**Summe der Einkünfte aus den Einkunftsarten**	§ 2 Abs. 1 u. 2 EStG	
./.	Altersentlastungsbetrag	§ 24a EStG	
./.	Entlastungsbetrag für Alleinerziehende	§ 24b EStG	
./.	Freibetrag für Land- und Forstwirte	§ 13 Abs. 3 EStG	
=	**Gesamtbetrag der Einkünfte**	§ 2 Abs. 3 EStG	
./.	Verlustabzug	§ 10 d EStG	
./.	Sonderausgaben	§§ 10–10c EStG	
./.	außergewöhnliche Belastungen	§§ 33 u. 33b EStG	
./.	Steuerbegünstigungen der zu Wohnzwecken genutzten Wohnungen, Gebäude und Baudenkmale sowie der schutzwürdigen Kulturgüter	§§ 10e–10i EStG	
=	**Einkommen**	§ 2 Abs. 4 EStG	
./.	Freibeträge für Kinder	§ 32 Abs. 6 EStG	
./.	Härteausgleich	§ 46 Abs. 3 EStG	
=	**zu versteuerndes Einkommen**	§ 2 Abs. 5 EStG	

Abb. 3.21: Ermittlung des zu versteuernden Einkommens

Beispiele

Erbschaften, Schenkungen, Lotteriegewinne, Wett- und Spielgewinne, Veräußerung von Privatvermögen nach Ablauf der Spekulationsfrist (§ 23 EStG – Private Veräußerungsgeschäfte).

Die **Gewinnermittlung** ist grundsätzlich nach drei Verfahren möglich.
- **Einnahmen-Überschuss-Rechnung:** Die zugeflossenen Betriebseinnahmen werden den Betriebsausgaben gegenübergestellt, eine Buchführung ist dazu nicht erforderlich. Eine periodengerechte Abgrenzung ist nicht möglich, weder Forderungen noch Schulden werden berücksichtigt. Einnahmen und Ausgaben werden gemäß § 11 EStG grundsätzlich für das Kalenderjahr berücksichtigt, innerhalb dessen sie bezogen bzw. geleistet worden sind.
- **Betriebsvermögensvergleich:** Die Betriebsvermögen zu Beginn eines Wirtschaftsjahres und am Ende des Wirtschaftsjahres werden miteinander verglichen. Dazu ist die Aufstellung einer Bilanz notwendig. Durch die Berücksichtigung von Entnahmen und Einlagen werden Vermögensänderungen aus privaten Gründen ausgeglichen.

Betriebsvermögensvergleich, § 4 Abs. 1 EStG
Betriebsvermögen 31.12. laufendes Jahr
− Betriebsvermögen 31.12. des Vorjahres
+ Entnahmen
− Einlagen
= Gewinn des laufenden Jahres

▸ **Durchschnittssätze:** Land- und Forstwirte können ihren Gewinn nach Durchschnittssätzen ermitteln, wenn keine Buchführungspflicht besteht.

Einkunftsarten

Einkünfte aus Land- und Forstwirtschaft, § 13 EStG Zu den Einkünften aus Land- und Forstwirtschaft gehören die Einkünfte aus dem Betrieb von Landwirtschaft, Forstwirtschaft, Weinbau, Gartenbau und aus allen Betrieben, die Pflanzen und Pflanzenteile mit Hilfe der Naturkräfte gewinnen. Zu diesen Einkünften gehören unter bestimmten Voraussetzungen auch die Einkünfte aus der Tierzucht und Tierhaltung.

Einkünfte aus Gewerbebetrieb, § 15 EStG Zu den Einkünften aus Gewerbebetrieb gehören im Wesentlichen die Einkünfte aus gewerblichen Unternehmen sowie die Gewinnanteile der Gesellschafter einer Offenen Handelsgesellschaft (oHG), einer Kommanditgesellschaft (KG) und einer anderen Gesellschaft, bei der der Gesellschafter als Unternehmer bzw. Mitunternehmer des Betriebs anzusehen ist. Dazu gehören auch die Gewinne, die sich aus der Veräußerung des Gewerbebetriebs bzw. des Gesellschaftsanteils ergeben. In diesen Fällen sind die Regelungen des § 16 EStG **Veräußerung des Betriebs** zu berücksichtigen.

Die Einkünfte ermitteln sich durch Betriebsvermögensvergleich.

Einkünfte aus selbstständiger Arbeit, § 18 EStG Zu den Einkünften aus selbstständiger Arbeit gehören in erster Linie die Einkünfte aus freiberuflicher Tätigkeit. Hierunter versteht man eine selbstständig ausgeübte wissenschaftliche, künstlerische, schriftstellerische, unterrichtende oder erzieherische Tätigkeit. Zu den sogenannten Katalogberufen des § 18 EStG gehören z. B. Ärzte, Zahnärzte, Rechtsanwälte, Notare, Ingenieure, Architekten, Wirtschaftsprüfer, Steuerberater, beratende Volks- und Betriebswirte, Heilpraktiker, Krankengymnasten, Journalisten, Dolmetscher, Übersetzer und ähnlicher Berufe.

Zu den Einkünften gehören auch die Gewinne, die sich aus der Veräußerung des Betriebs bzw. der Praxis oder eines Anteils daran ergeben. In diesen Fällen sind die Regelungen des § 16 EStG **Veräußerung des Betriebs** zu berücksichtigen.

Die Einkünfte ermitteln sich durch Abzug der Betriebsausgaben (z. B. Kfz-Kosten) von den Betriebseinnahmen.

Einkünfte aus nichtselbstständiger Arbeit, § 19 EStG Zu den Einkünften aus nichtselbstständiger Arbeit gehören in erster Linie Gehälter, Löhne, Gratifikationen, Tantiemen und andere Bezüge und Vorteile für eine Beschäftigung im öffentlichen oder privaten Dienst. Hierbei handelt es sich um Löhne und Gehälter von Arbeitern, Angestellten und Beamten sowie bestimmte Versorgungsbezüge, die nach Beendigung des Arbeitsverhältnisses gezahlt werden.

Die Einkünfte ermitteln sich durch Abzug der Werbungskosten (§ 9 EStG, z. B. Aufwendungen für Fahrten zwischen Wohnung und Arbeitsstätte) von den Einnahmen, ggfs. unter Berücksichtigung des Arbeitnehmer-Pauschbetrags gemäß § 9a EStG.

Mit der vom Arbeitgeber einbehaltenen **Lohnsteuer** wird die Einkommensteuer für Einkünfte aus nichtselbstständiger Arbeit an der Quelle erhoben. Der Arbeitgeber behält die Lohnsteuer ein und führt sie an das Finanzamt ab. Die persönlichen Besteuerungsmerkmale, die Grundlage für die Höhe der Steuer sind, werden hierbei berücksichtigt. Die Lohnsteuer ist eine Erhebungsform der Einkommensteuer und wird im Rahmen der Einkommensteuerveranlagung auf die tatsächlich zu zahlende Einkommensteuer angerechnet. Sie wird so bemessen, dass sie der Einkommensteuer entspricht, die der Arbeitnehmer schuldet, wenn er ausschließlich Einkünfte aus nichtselbstständiger Arbeit erzielt, § 38a Abs. 2 EStG.

Einkünfte aus Kapitalvermögen, § 20 EStG Zu den Einkünften aus Kapitalvermögen gehören z. B. Dividenden aus Aktien, Gewinnausschüttungen aus der Beteiligung an einer GmbH und Zinsen aus Kapitalforderungen jeder Art (z. B. Festgeldkonto bei einer Bank).

Einkünfte aus Vermietung und Verpachtung, § 21 EStG Zu den Einkünften aus Vermietung und Verpachtung gehören in erster Linie die Einkünfte aus der Vermietung und Verpachtung von unbeweglichem Vermögen, insbesondere von Grundstücken, Gebäuden, Gebäudeteilen.
Die Einkünfte ermitteln sich durch Abzug der Werbungskosten (z. B. Abschreibung der Anschaffungskosten) von den Einnahmen.

Sonstige Einkünfte, § 22 EStG Zu den sonstigen Einkünften gehören insbesondere Einkünfte aus wiederkehrenden Bezügen soweit sie nicht zu einer der anderen Einkunftsarten gehören. Hierbei handelt es sich in erster Linie um Rentenzahlungen.

Aufgabe
Für das Jahr 2015 liegen Ihnen bezüglich des Einkommensteuertarifs die folgenden Informationen vor. Erläutern Sie dessen progressiven Verlauf anhand der dargestellten Werte.

(16 Punkte)

Einkommensteuertarif 2015- Grundtabelle – Steuerklasse I		
	zu versteuerndes Einkommen	Steuertarif
Grundfreibetrag	bis 8.472 €	0 %
Eingangssteuersatz	ab 8.473 €	14 %
Spitzensteuersatz	ab 52.882 €	42 %
Höchststeuersatz	ab 250.731 €	45 %

Lösung
Der in Deutschland geltende progressive Steuertarif hat zur Folge, dass der Steuersatz mit steigendem zu versteuerndem Einkommen (z. v. E.) ebenfalls steigt. Hierbei unterliegt das z. v. E. bis zur Höhe des Grundfreibetrag von 8.472 € keiner Besteuerung, sodass das verfassungsrechtlich gewährte Existenzminimum von der Besteuerung ausgenommen wird.

3 Recht und Steuern

Mit dem Eingangssteuersatz von 14 % wird das z. v. E. ab einem Betrag von 8.473 € besteuert, soweit es den Grundfreibetrag übersteigt. Liegt das z.v. € bei 8.473 € wird also nur 1 € besteuert.

Durch die Progression steigt der Steuersatz vom Eingangssteuersatz von 14 % bis auf maximal 42 % ab einem z. v. E. von 52.882 €.

Dieser Steuersatz erhöht sich ab einem z. v. E. von 250.731 € auf 45 % (Höchststeuersatz). Bei den zusätzlichen 3 %-Punkten handelt es sich um die sogenannte **Reichensteuer.**

Kommentar: Im Ergebnis ergibt sich die Lösung vollständig aus der dargestellten Tabelle. Die Vergabe von 16 Punkten deutet allerdings darauf hin, dass die geforderte Erläuterung etwas umfangreicher zu erfolgen hat. Die Regelungen zum Einkommensteuertarif und dessen Verständnis werden vorausgesetzt.

Aufgabe

Die Unternehmerin Meyer verfügt über verschiedene Einkunftsquellen. Hierbei handelt es sich um Einkünfte aus sämtlichen Gewinneinkünften, jedoch nicht aus Überschusseinkünften.

Fertigen Sie für Frau Meyer ein vollständiges Berechnungsschema zur Ermittlung des zu versteuernden Einkommens an, welches sich nach dem Einkommensteuergesetz ergibt. Hierin sollen ausgewiesen werden:
- die Summe der Einkünfte
- der Gesamtbetrag der Einkünfte
- das Einkommen
- das zu versteuernde Einkommen (z. v. E.)

Frau Meyer verfügt über keinen verbleibenden Verlustabzug. Steuerbegünstigen für Wohnungen, Gebäude und Baudenkmäler können ebenfalls nicht geltend gemacht werden.

Die Nennung der einschlägigen Rechtsnormen ist nicht erforderlich. (14 Punkte)

Lösung

Berechnungsschema zur Ermittlung des z. v. E. nach § 2 EStG

	Einkünfte aus Land- und Forstwirtschaft	§ 13 EStG
+	Einkünfte aus Gewerbebetrieb	§ 15 EStG
+	Einkünfte aus selbstständiger Arbeit	§ 18 EStG
=	**Summe der Einkünfte (Gewinneinkünfte)**	**§ 2 Abs. 1 u. 2 EStG**
./.	Altersentlastungsbetrag	§ 24a EStG
./.	Entlastungsbetrag für Alleinerziehende	§ 24b EStG
./.	Freibetrag für Land- und Forstwirte	§ 13 Abs. 3 EStG
=	**Gesamtbetrag der Einkünfte**	**§ 2 Abs. 3 EStG**
./.	Sonderausgaben	§§ 10–10c EStG
./.	außergewöhnliche Belastungen	§§ 33 u. 33b EStG
=	**Einkommen**	**§ 2 Abs. 4 EStG**
./.	Freibeträge für Kinder	32 Abs. 6 EStG
./.	Härteausgleich	§ 46 Abs. 3 EStG
=	**zu versteuerndes Einkommen**	**§ 2 Abs. 5 EStG**

Kommentar: Die Ermittlung des z. v. E. lässt sich in weiten Teilen aus § 2 EStG ableiten und sollte in dieser Form auch beherrscht werden. Zur Summe der Einkünfte gehören grundsätzlich auch die Überschusseinkünfte (Einkünfte aus nichtselbstständiger Arbeit, Kapitalvermögen und Vermietung und Verpachtung sowie sonstige Einkünfte), die hier aber laut Aufgabenstellung **nicht** gefragt waren.

Die Nennung der Paragrafen ist laut Aufgabenstellung nicht erforderlich und dient hier nur zur besseren Nachvollziehbarkeit der Lösung.

3.2.2.2 Körperschaftsteuer

Gegenstand der Körperschaftsteuer ist das Einkommen juristischer Personen (z. B. GmbH).

▶ **Unbeschränkt steuerpflichtig** sind sämtliche in- und ausländischen Einkünfte (**§ 1 Abs. 2 KStG = Welteinkommensprinzip**) der in § 1 Abs. 1 KStG abschließend genannten Körperschaften, die ihre Geschäftsleitung oder ihren Sitz im Inland haben.

> **Beispiel**
> Die X-GmbH mit Sitz in Konstanz hat Betriebsstätten in Stuttgart und Zürich. Auch die Einkünfte aus der Schweiz unterliegen der Körperschaftsteuer.

▶ Einschränkungen ergeben sich nur durch Steuerbefreiungen oder Doppelbesteuerungsabkommen (DBA) mit dem jeweiligen ausländischen Staat.
▶ Körperschaften, Personenvereinigungen und Vermögensmassen unterliegen der **beschränkten Steuerpflicht**, wenn sie weder ihren Sitz noch ihre Geschäftsleitung im Inland haben. Sie sind dann nur mit ihren inländischen Einkünften steuerpflichtig.

> **Beispiel**
> Die Y-GmbH hat ihren Sitz in Zürich, von dort werden alle Geschäfte abgewickelt. Nur für ihre Betriebsstätte in Stuttgart ist sie körperschaftsteuerpflichtig.

Außer Einkünften aus nichtselbstständiger Arbeit können Körperschaften alle Einkunftsarten haben.

> **Beispiel**
> Der ABC e. V. vermietet Veranstaltungsräume in seinem Vereinsheim. Die flüssigen Mittel hat der Kassierer auf einem Festgeldkonto angelegt. Der Verein hat Einkünfte aus Vermietung und Verpachtung und aus Kapitalvermögen.

Die Körperschaftsteuer bemisst sich gemäß § 7 KStG nach dem zu versteuernden Einkommen. Für dessen Ermittlung wird neben den Vorschriften des KStG auch auf die des EStG zurückgegriffen. § 8 Abs. 1 KStG verweist diesbezüglich auf das EStG. Hierdurch können Doppelregelungen in KStG und EStG vermieden werden.

Die Ermittlung der Körperschaftsteuer ergibt sich nach dem (vereinfachten) Schema in Abbildung 3.22.

3 Recht und Steuern

		Gesetzliche Regelung	Erläuterung
	Handelsbilanzgewinn		
+/	Korrekturen wegen Anpassung an die Steuerbilanz	§ 60 Abs. 1 EStDV	
=	korrigierter Jahresüberschuss		
+	nicht abziehbare Aufwendungen	§ 4 Abs. 5 EStG § 10 KStG § 9 Abs. 1 Nr. 2 KStG §§ 8 Abs. 3, 8a KStG	Geschenke, Bewirtung Steuern, Geldstrafen Spenden, verdeckte Gewinn- ausschüttungen
./.	steuerfreie Erträge	§ 3 EStG DBA	
		§ 8b KStG	
		u. a.	Dividenden
=	**Einkommen vor Verlustabzug**		
./.	Verlustabzug	§ 10d EStG/§ 8c KStG	
./.	Freibeträge für besondere Körperschaften	§§ 24 u. 25 KStG	
=	**zu versteuerndes Einkommen**	§ 7 Abs. 2 KStG	

Abb. 3.22: Ermittlung der Körperschaftsteuer

Beispiel

Der Jahresüberschuss (Gewinn) der Y-GmbH beträgt für das Jahr 2015 laut vorliegender Gewinn- und Verlustrechnung (GuV) 500.000 €. Bei der Ermittlung des Gewinns wurden Vorauszahlungen zur Körperschaftsteuer in Höhe von 50.000 € und zur Gewerbesteuer in Höhe von 40.000 € berücksichtigt. Des Weiteren wurden Bewirtungskosten in Höhe von 10.000 € in Abzug gebracht.

Sowohl bei den KSt-, als auch bei den GewSt-Vorauszahlungen handelt es sich steuerlich um nicht abzugsfähige Betriebsausgaben. Die Bewirtungskosten sind steuerlich nur teilweise abzugsfähig. Somit ergibt sich folgendes zu versteuerndes Einkommen:

Gewinn laut GuV	500.000 €	
KSt-Vorauszahlung	+ 50.000 €	§ 10 Nr. 2 KStG
GewSt-Vorauszahlung	+ 40.000 €	§ 8 Abs. 1 KStG, § 4 Abs. 5b EStG
Bewirtungskosten	+ 3.000 €	§ 8 Abs. 1 KStG, § 4 Abs. 5 Nr. 2 EStG, nur zu 70 % abzugsfähig
zu versteuerndes Einkommen	593.000 €	

Der Körperschaftsteuersatz beträgt grundsätzlich 15 % des zu versteuernden Einkommens, § 23 KStG. Zusätzlich fällt hierauf noch der Solidaritätszuschlag von 5,5 % der KSt an.

Beispiel

Die X-GmbH erhält einen Körperschaftsteuerbescheid für das Jahr 2015. Das zu versteuernde Einkommen beträgt hiernach 30.000 €.
Die Körperschaftsteuern beträgt nach § 23 KStG 15%, also 4.500 €. Auf diesen Betrag wird noch ein Solidaritätszuschlag von 5,5% erhoben, mithin 247,50 €. Somit weist der KSt-Bescheid einen Gesamtbetrag von 4.747,50 € aus.
Zusätzlich zu Körperschafsteuer und Solidaritätszuschlag fällt noch Gewerbesteuer an (vgl. Kapitel zur Gewerbesteuer).

Aufgabe
Als Geschäftsführer der X-GmbH sind Sie aufgefordert, den neu eingestellten Auszubildenden ein paar Informationen zu den steuerlichen Grundlagen zu vermitteln.
a) Erläutern Sie, nach welchen Steuergesetzen sich unmittelbar und mittelbar das zu versteuernde Einkommen einer GmbH ermittelt. (6 Punkte)
b) Nennen Sie **drei** weitere Steuerarten, die bei einer GmbH anfallen können. (6 Punkte)

Lösung
a) Die Ermittlung des zu versteuernden Einkommens erfolgt unmittelbar nach dem KStG und mittelbar nach den Vorschriften des EStG (§§ 7 u. 8 KStG).
Durch den Rückgriff auf das EStG können Doppelregelungen und Wiederholungen in unterschiedlichen Steuergesetzen vermieden werden.
b) Weitere Steuerarten, die bei einer GmbH anfallen können, sind z. B.
- Gewerbesteuer
- Grundsteuer
- Umsatzsteuer
- Versicherungssteuer
- Kfz-Steuer.

Kommentar: Die geforderte Lösung setzt allgemeine Grundkenntnisse des Steuerrechts voraus. Die zusätzlichen Angaben im Lösungsteil a) zum Rückgriff auf das EStG lassen sich aus der Aufgabenstellung nicht unbedingt ableiten und dienen der weiteren Erläuterung. Die rechtlichen Normen müssen nicht genannt werden und dienen hier lediglich der besseren Nachvollziehbarkeit der Lösung. Im Lösungsteil b) sind **drei** weitere Steuerarten zu nennen. Die Aufzählung in der Lösung ist beispielhaft, selbstverständlich ist auch die Nennung anderer zutreffender Steuerarten zulässig. Eine Nennung von mehr als drei weiteren Steuerarten führt aber nicht zu einer weiteren Punktevergabe und sollte aus Zeitgründen vermieden werden.

3.2.2.3 Gewerbesteuer
Mit der Gewerbesteuer besteuert die Kommune (Stadt oder Gemeinde) die wirtschaftliche Ertragskraft eines Gewerbebetriebs.

Nach § 1 GewStG erheben die Gemeinden eine Gewerbesteuer als Gemeindesteuer. Dieser unterliegen jedoch nur Einkünfte aus Gewerbebetrieb im Sinne des § 15 EStG. Andere Einkünfte, insbesondere Einkünfte aus selbstständiger Tätigkeit gemäß § 18 EStG (z. B. Ärzte, Rechtsanwälte, Notare etc.), unterliegen **nicht** der Gewerbesteuer.

Somit unterliegt der Gewerbesteuer gemäß § 2 Abs. 1 GewStG jeder stehende Gewerbebetrieb, soweit er im Inland betrieben wird. Unter Gewerbebetrieb ist hierbei ein gewerbliches Unternehmen im Sinne des Einkommensteuergesetzes zu verstehen.

> Gemäß § 15 Abs. 2 EStG gilt: Eine selbstständige nachhaltige Betätigung, die mit der Absicht, Gewinn zu erzielen, unternommen wird und sich als Beteiligung am allgemeinen wirtschaftlichen Verkehr darstellt, ist Gewerbebetrieb, wenn die Betätigung weder als Ausübung von Land- und Forstwirtschaft noch als Ausübung eines freien Berufs noch als eine andere selbstständige Arbeit anzusehen ist.

Als Gewerbebetrieb gilt stets und in vollem Umfang die Tätigkeit der Kapitalgesellschaften (z. B. GmbH), § 2 Abs. 2 GewStG.

Die **sachliche Steuerpflicht** beginnt mit dem Vorhandensein eines Gewerbebetriebs und endet mit Einstellung der Tätigkeit. Bei Kapitalgesellschaften beginnt die Gewerbesteuerpflicht mit Eintragung in das Handelsregister und endet mit der Einstellung jeglicher Tätigkeit nach Abschluss der Liquidation.

Der Unternehmer ist Steuerschuldner und unterliegt der **persönlichen Steuerpflicht** (§ 5 Abs. 1 GewStG).

Die Höhe der Gewerbesteuer wird vom Gewerbeertrag und dem individuellen Hebesatz der Gemeinde bestimmt. Ihre Berechnung ergibt sich aus dem Schema in Abbildung 3.23.

		Gesetzliche Regelung des GewStG	Erläuterung
	Gewinn aus Gewerbebetrieb	§ 7	
+	Hinzurechnungen	§ 8	z. B. Schuldzinsen Renten und dauernde Lasten Miet- und Pachtzinsen
./.	Kürzungen	§ 9	z. B. Gewinnanteil an Mitunternehmerschaften Spenden (Höchstbetrag)
=	maßgebender Gewerbeertrag	§ 10	
./.	Gewerbeverlust	§ 10a	
=	verbleibender Gewerbeertrag		
	Abrundung	§ 11 Abs. 1	auf volle 100 €
./.	Freibetrag	§ 11 Abs. 1	24.500 € für natürliche Personen und Personengesellschaften
=	steuerpflichtiger Gewerbeertrag		
x	Steuermesszahl	§ 11 Abs. 2	3,5 %
=	Steuermessbetrag	§ 11 Abs. 1	
x	Hebesatz der Gemeinde	§ 16	z. B. 420 %
=	Gewerbesteuer		

Abb. 3.23: Berechnung der Gewerbesteuer

Beispiel

Der Gewerbeertrag der X-GmbH beträgt für das Jahr 2015 30.000 € und entspricht, da keine Hinzurechnungen und Kürzungen vorzunehmen sind, dem zu versteuernden Einkommen. Der Hebesatz der örtlichen Gemeinde beträgt 490 %. Hiernach berechnet sich die Gewerbesteuer wie folgt:

Gewerbeertrag 30.000 € × Steuermesszahl 3,5 % = Messbetrag 1.050 €

Messzahl 1.050 € × Hebesatz 490 % = Gewerbesteuer 5.145 €

Zusätzlich zur Gewerbesteuer fallen noch Körperschaftsteuer und Solidaritätszuschlag an (vgl. Kapitel zur Körperschaftsteuer).

Aufgabe

a) Der angestellte Steuerberater Schmidt möchte außerhalb seines Angestelltenverhältnisses auch eigene Mandanten betreuen. Die hierfür erforderlichen Arbeiten werden abends und am Wochenende erledigt.
   Beurteilen Sie, über welche Einkunftsarten im Sinne des Einkommensteuergesetzes er verfügt und ob er auf die Gewinne, die er aus der Tätigkeit mit seinen eigenen Mandanten erzielt, Gewerbesteuer zahlen muss. (10 Punkte)

b) Nennen Sie **drei** Faktoren, die grundsätzlich die Höhe der Gewerbesteuer beeinflussen.
   (3 Punkte)

Lösung

a) Herr Schmidt erzielt aus seinem Angestelltenverhältnis Einkünfte aus nichtselbstständiger Arbeit (§ 19 EStG) und aus der Tätigkeit mit seinen eigenen Mandanten Einkünfte aus selbstständiger Tätigkeit (§ 18 EStG). Die Tätigkeit als freiberuflicher Steuerberater gehört zu den sogenannten Katalogberufen des § 18 EStG.
   Der Gewerbesteuer unterliegt jeder im Inland betriebene Gewerbebetrieb, wobei als Gewerbebetrieb ein gewerbliches Unternehmen im Sinne des § 15 EStG zu verstehen ist (§ 2 Abs. 1 GewStG). Nach der Definition des § 15 Abs. 2 EStG ist eine selbstständige nachhaltige Betätigung, die mit der Absicht, Gewinn zu erzielen, unternommen wird und sich als Beteiligung am allgemeinen wirtschaftlichen Verkehr darstellt, ist Gewerbebetrieb, wenn die Betätigung nicht als Ausübung eines freien Berufs noch als eine andere selbstständige Arbeit anzusehen ist.
   Zu den Einkünften aus selbstständiger Tätigkeit gehört jedoch die Tätigkeit als freiberuflicher Steuerberater, sodass auf diese Einkünfte keine Gewerbesteuer zu zahlen ist.

b) Die Höhe der Gewerbesteuer wird durch verschiedene Faktoren beeinflusst. Dies können z. B. sein:
   - die Höhe des Gewerbeertrags (des Gewinns)
   - der Hebesatz der Gemeinde
   - Hinzurechnungsbeträge gemäß § 8 GewStG
   - Kürzungsbeträge nach § 9 GewStG
   - vorhandene Verlustvorträge aus vergangenen Veranlagungszeiträumen
   - Rechtsform des Unternehmens (Freibetrag nach § 11 Abs. 1 GewStG gilt nur für natürliche Personen und Personengesellschaften, nicht jedoch für Kapitalgesellschaften)

Kommentar: Auch bei dieser Aufgabe sind allgemeine Grundkenntnisse des Steuerrechts erforderlich, um zur richtigen Lösung zu gelangen. Im Aufgabeteil a) sind zunächst die beiden Einkunftsarten, die Herr Schmidt erzielt, zu nennen. Erst hiernach erfolgt die Beurteilung, ob Gewerbesteuer zu zahlen ist oder nicht. Hierbei ist die Lösung gemäß dem aufgeführten Lösungsweg methodisch herzuleiten. Ein bloßes Ja oder Nein ist nicht ausreichend und führt zu deutlichem Punktabzug! Zum Aufgabenteil b) sind nur **drei** Faktoren zu nennen. Die zusätzlich in der Lösung aufgeführten Faktoren dienen zu Lernzwecken und werden bei der Klausurkorrektur nicht mit zusätzlichen Punkten versehen. Die Nennung der Rechtsnormen ist laut Aufgabenstellung nicht gefordert und erfolgt hier in der Lösung nur zur besseren Nachvollziehbarkeit.

Aufgabe
Erläutern Sie, welche Bedeutung die Gewerbesteuer bei der Standortwahl eines Unternehmens haben kann. (6 Punkte)

Lösung
Bei der Gewerbesteuer handelt es sich um eine Ertragsteuer, die aus steuerlicher Sicht nicht bei der Gewinnermittlung in Abzug gebracht werden kann (§ 4 Abs. 5b EStG). Sie führt also zu einem Liquiditätsabfluss in voller Höhe und ist als Kostenfaktor bei der Preiskalkulation zu berücksichtigen.

Da unterschiedliche Gemeinden unterschiedliche Gewerbesteuer-Hebesätze haben, die zu unterschiedlichen Steuerbelastungen führen, kann die Höhe des Hebesatzes die Standortwahl eines Unternehmens beeinflussen.

Kommentar: Bei der Lösung dieser Aufgabe sind allgemeine Grundkenntnisse zur Gewerbesteuer gefragt. Diese sollten beherrscht werden. Die Nennung von gesetzlichen Fundstellen ist nicht gefordert. Aufgrund der nicht allzu hohen Punktevergabe sollte auf ausschweifende Lösungen verzichtet werden.

3.2.2.4 Kapitalertragsteuer

> **Definition**
> Die Kapitalertragsteuer ist eine Erhebungsform der Einkommensteuer.

Sie entsteht mit dem Zufluss der Kapitalerträge, die Regelungen finden sich in den §§ 43 – 45e EStG.

Um den Steueranspruch zu sichern, wird sie als Quellensteuer direkt von der auszahlenden Stelle (z. B. Bank) für Rechnung des Gläubigers (Kontoinhaber und Steuerpflichtiger) an die Finanzverwaltung abgeführt.

Die wichtigsten steuerpflichtigen Kapitalerträge sind
- Dividenden aus Aktien
- Gewinnanteile bei einer GmbH
- Zinsen, die von Banken gezahlt werden
- Zinsen aus festverzinslichen Wertpapieren
- Ausschüttungen von Investmentgesellschaften
- Gewinnanteile eines typischen stillen Gesellschafters

Der Steuersatz der Kapitalertragsteuer beträgt grundsätzlich 25 Prozent (§ 43a Abs. 1 S. 1 Nr. 1 EStG) zuzüglich Solidaritätszuschlag und Kirchensteuer. Für Leistungen und Gewinne von Betrieben gewerblicher Art beträgt der Steuersatz 15 Prozent.

Beispiel

Frau Müller verfügt über ein Festgeldkonto bei der Y-Bank. Für das Jahr 2015 wurden Zinsen in Höhe von 10.000 € erzielt. Eine Freistellungsbescheinigung liegt nicht vor. Es besteht keine Kirchensteuerpflicht.
Bei den Zinsen handelt es sich um Einkünfte aus Kapitalvermögen im Sinne des § 20 Abs. 1 Nr. 7 EStG. Hierauf ist gemäß § 43 Abs. 1 S. 1 Nr. 7 EStG Kapitalertragsteuer zu erheben. Diese beträgt nach § 43a Abs. 1 S. 1 Nr. 1 EStG 25 %, im vorliegenden Fall also 2.500 €. Hierauf erfolgt noch die Erhebung des Solidaritätszuschlags von 5,5 %, also 137,50 €. Im Ergebnis erhält Frau Schmidt auf ihrem Festgeldkonto also eine Gutschrift von 7.362,50 €.

3.2.2.5 Umsatzsteuer

Der Umsatzsteuer unterliegen Umsätze aus Lieferungen und sonstigen Leistungen, die ein Unternehmer im Inland gegen Entgelt im Rahmen seines Unternehmens – auch bei Einfuhr und innergemeinschaftlichem Erwerb – erbringt. Sie müssen mit dem Anspruch auf Gegenleistung erfolgen. Das Prinzip zeigt die Abbildung 3.24.

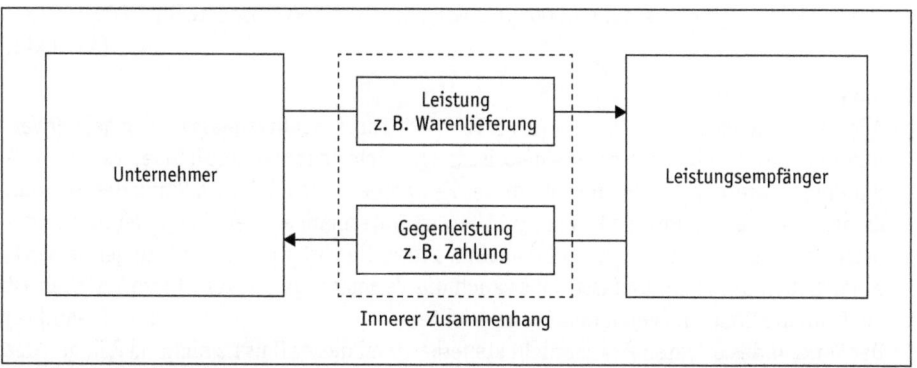

Abb. 3.24: System der Umsatzsteuer

Umsätze sind nur **steuerbar** und dann steuerpflichtig, wenn alle Tatbestandsmerkmale des § 1 Abs. 1 UStG erfüllt sind:
- **Unternehmer** ist, wer einer nachhaltigen Betätigung zur Erzielung von Einnahmen nachgeht. Eine Gewinnerzielungsabsicht muss nicht vorliegen. Verkäufe zwischen Privatpersonen sind nicht steuerbar, weil sie keine Unternehmer sind.
- Durch eine **Lieferung** wird die Verfügungsmacht über einen Gegenstand verschafft.
- **Sonstige Leistungen** sind alle Leistungen, die keine Lieferungen sind. Sie können auch in einem Unterlassen oder einem Dulden einer Handlung bestehen.
- Beispiele: Werkleistungen (Handwerker), Vermittlungsleistungen (Makler), Beförderungsleistungen (Spedition)
- Das **Entgelt** wendet der Leistungsempfänger auf, um die Leistung zu erhalten. Die Umsatzsteuer ist darin nicht enthalten.

- Umsätze werden im **Inland** ausgeführt, wenn sie nach der Ortbestimmung des Umsatzsteuergesetzes im Inland liegen.
- Im **Rahmen des Unternehmens** sind Geschäfte dann, wenn der Unternehmer nicht als Privatperson handelt, sondern die Umsätze insb. zum Grund-, Hilfs- oder Nebengeschäft des Unternehmens gehören.

Aufgabe

Die Unternehmer A, B, C und D tätigen die nachfolgenden Geschäfte. Nehmen Sie zur Frage der Steuerbarkeit nach dem UStG Stellung. (10 Punkte)

a) Der Privatmann A, der als Bilanzbuchhalter beschäftigt ist, hat im Rahmen der vorweggenommenen Erbfolge von seinen Eltern eine Wohnung in Köln geschenkt bekommen. Diese Wohnung vermietet er zu einem Mietzins von 850 € monatlich zu Wohnzwecken an die Eheleute Schmitz. (2 Punkte)

b) Der Autohändler B verkauft sein ihm gehörendes und von ihm privat gefahrenes Auto für 10.000 €. (2 Punkte)

c) Der in der Uniklinik Köln tätige Arzt C behandelt einen Privatpatienten. Dieser Patient erhält nach Abschluss der Behandlung von dem Krankenhaus eine Rechnung, in der auch die Leistungen des Arztes aufgeführt sind. (2 Punkte)

d) Der Privatmann D hat eine umfangreiche Sammlung von Autoprospekten, die er über Ebay laufend aktualisiert und ergänzt. Für diese private Sammlung kaufte und verkaufte er im letzten Jahr 400 Prospekte für 1.000 €. Zugleich kauft er 500 Prospekte für 1.200 €. (4 Punkte)

Lösung

a) Alle Tatbestandsmerkmale des § 1 Abs. 1 Nr. 1 UStG sind erfüllt, sodass es sich bei der Vermietung um eine steuerbare sonstige Leistung handelt. Insbesondere handelt es sich bei A um einen Unternehmer, auch wenn dieser keinen Gewerbebetrieb im Sinne des Einkommensteuergesetzes unterhält. Gem. § 2 UStG ist Unternehmer, wer eine gewerbliche oder berufliche Tätigkeit selbstständig ausübt. Dieser Begriff stellt auf Leistungen im wirtschaftlichen Sinne ab, umfasst daher auch die Vermietungstätigkeit. Diese Tätigkeit ist auch auf die Erzielung von Einnahmen gerichtet. (2 Punkte)

b) Der Verkauf des privaten Pkw ist nicht steuerbar, weil dieser Umsatz nicht im Rahmen des Unternehmens ausgeführt wird. (2 Punkte)

c) Der Arzt C ist kein Unternehmer, weil er in das Unternehmen (Krankenhaus) eingegliedert ist, also insb. aufgrund eines Arbeitsvertrages den Weisungen des Unternehmens zu folgen verpflichtet ist. C übt also keine selbstständige Tätigkeit aus. Mangels Unternehmereigenschaft des C sind die Leistungen des C nicht steuerbar. Jedoch ist das Krankenhaus Unternehmer und erbringt durch die Behandlungsleistungen sonstige Leistungen, die steuerbar sind. (2 Punkte)

d) Alle Tatbestandsmerkmale des § 1 Abs. 1 Nr. 1 UStG sind erfüllt, sodass es sich bei den Verkäufen um steuerbare Lieferungen handelt. Vor allen Dingen ist D Unternehmer i. S. d. Umsatzsteuerrechtes, der im Rahmen seines Unternehmens auftritt. Gem. § 2 UStG ist Unternehmer, wer eine gewerbliche oder berufliche Tätigkeit selbstständig ausübt. Gewerblich oder beruflich ist jede nachhaltige Tätigkeit zur Erzielung von Einnahmen, auch wenn die Absicht, Gewinn zu erzielen, fehlt. Als Kriterien für nachhaltiges Handeln kommen hier insbesondere die auf Wiedererholung angelegte Tätigkeit, die Intensität des Tätigwerdens, das planmäßige Handeln sowie die Beteiligung am Markt in Betracht.

(4 Punkte)

Kommentar: Das Zitieren der gesetzlichen Vorschriften war in diesem Falle nicht erforderlich. Wichtig ist, die Tatbestandsmerkmale eines steuerbaren Umsatzes zu kennen und von nicht steuerbaren Handlungen abzugrenzen. In der Systematik der Umsatzsteuer folgt erst nach Festlegung der Steuerbarkeit die Prüfung, ob die in Rede stehenden steuerbaren Umsätze steuerpflichtig oder steuerfrei sind. Hierzu sollte in den Lösungen allerdings keine Aussage getroffen werden.

Die Steuerschuld entsteht mit Ablauf des Voranmeldungszeitraums, in dem die steuerpflichtigen Umsätze ausgeführt worden sind (Sollversteuerung) oder mit Ablauf des Voranmeldungszeitraums, in dem die Entgelte vereinnahmt worden sind (Istversteuerung). Voranmeldungszeitraum ist in den allermeisten Fällen der Kalendermonat. Ausnahmen gibt es für Unternehmen mit geringer jährlicher Umsatzsteuer. So ist bei Unternehmen, deren Umsatzsteuer für das vorangegangene Kalenderjahr
a) bis max. 7.500 € bzw.
b) nicht mehr als 1.000 €
betragen hat, der Voranmeldungszeitraum bei a) das Kalendervierteljahr bzw. im Falle b) das Kalenderjahr, vgl. § 18 Abs. 2 UStG. Bei neu aufgenommenen unternehmerischen Tätigkeiten bleibt der Voranmeldungszeitraum im laufenden und im folgenden Kalenderjahr allerdings der Kalendermonat, § 18 Abs. 2 S. 4 UStG.

In einer Unternehmerkette kann i. d. R. die in Rechnung gestellte Umsatzsteuer als Vorsteuer abgezogen werden. Dadurch wird der private Endverbraucher auf der letzten Stufe wirtschaftlich in voller Höhe mit der Umsatzsteuer belastet.

Beispiel

	Lieferung I	Lieferung II	Lieferung III
Nettoentgelt	200	400	600
USt	38	76	114
Verkaufspreis	238	476	714
USt-Schuld	38	76	114
Vorsteuerabzug	0	38	76
USt-Zahllast	38	38	38
USt gesamt		114	

Das Prüfschema zur Umsatzsteuer dient der Feststellung der Steuerpflicht:

Prüfung	**Gesetzliche Regelung**
Steuerbarkeit	§ 1
Steuerfreiheit/Steuerpflicht	§§ 4, 4b, 5
Bemessungsgrundlage	§§ 10, 11
Steuersatz	§ 12
Sondertatbestände	§ 14c
Entstehung	§§ 13, 13b
Vorsteuerabzug	§ 15
Vorsteuerberichtigung	§ 15a

Die Ermittlung der Höhe der Umsatzsteuer ergibt sich dann aus dem Berechnungsschema:

	steuerbare Umsätze
./.	steuerfreie Umsätze
=	steuerpflichtige Umsätze
	davon 19 % bei steuerpflichtigen Umsätzen zu 19 %
	davon 7 % bei steuerpflichtigen Umsätzen zu 7 %
=	Steuerschuld
./.	Vorsteuer
=	verbleibende Steuerschuld

In der Praxis sind zahlreiche Einzelbestimmungen zu beachten, z. B.
- Ort der Lieferung,
- Zeitpunkt und Ort der sonstigen Leistung,
- Gemischte Leistungen,
- Innergemeinschaftlicher Erwerb,
- Reihengeschäfte,
- Dreiecksgeschäfte,
- Steuerbefreiungen,
- Abzugsbeschränkungen,
- Kleinunternehmerregelung.

Aufgabe

Herr Hansen betreibt einen Fischladen, mit dem er der Sollbesteuerung unterliegt. Die Umsatzsteuervoranmeldungen nimmt er online selbst vor und führt die sich ergebende Zahllast monatlich an das Finanzamt ab. Für den Monat November 2015 konnte er aufgrund der guten Geschäftslage Anfang Dezember seine Voranmeldung erst am 15. Dezember 2015 online verschicken. Die sich ergebende Umsatzsteuerzahllast wird am gleichen Tag von seinem Onlinekonto abgebucht und auf dem Konto des Finanzamtes gutgeschrieben.
a) Benennen Sie das Datum, bis zu dem Hansen die Umsatzsteuervoranmeldung für November 2015 fristgerecht hätte abgeben müssen (2 Punkte)
b) Was wird im Steuerrecht unter einem Verspätungszuschlag verstanden? Von welchen Voraussetzungen hängt die Erhebung des Verspätungszuschlags dem Grunde und der Höhe nach ab? (4 Punkte)
c) Was wird im Steuerrecht unter einem Säumniszuschlag verstanden? Von welchen Voraussetzungen hängt die Erhebung des Säumniszuschlags dem Grunde und der Höhe nach ab? (4 Punkte)

Lösung

a) Die Umsatzsteuervoranmeldung hätte bis zum 10.12.2015 abgegeben werden müssen, § 18 Abs. 1 UStG. (2 Punkte)
b) Der Verspätungszuschlag kann gem. § 152 Abs. 1 AO gegen denjenigen festgesetzt werden, der seiner Verpflichtung zur Abgabe einer Steuererklärung nicht oder nicht fristgerecht nachkommt.
Es handelt sich daher um eine Ermessensentscheidung.
Der Höhe nach ist der Verspätungszuschlag auf 10 % der festgesetzten Steuer und höchstens 25.000 Euro begrenzt. (4 Punkte)

c) Wird eine Steuer nicht bis zum Ablauf des Fälligkeitstages entrichtet, so ist für jeden angefangenen Monat der Säumnis ein Säumniszuschlag von 1 Prozent des abgerundeten rückständigen Steuerbetrags zu entrichten; abzurunden ist auf den nächsten durch 50 Euro teilbaren Betrag, § 240 Abs. 1 AO. (4 Punkte)

Kommentar: Auch hierbei ist das Nennen der Paragrafen nicht erforderlich. Die Lösungen entsprechen jedoch erneut dem Wortlaut des Gesetzes. Statt daher mit eigenen Worten eine womöglich nicht ganz treffende Umschreibung zu formulieren, die viel Zeit kostet und letztlich ggfs. auch Punktabzüge bedeutet, sollte zu b) und c) ein kurzer Blick in das Inhaltsverzeichnis der AO genügen, um die in Rede stehenden Paragrafen aufzufinden und zu zitieren.

Aufgabe
Der Unternehmer Jakob G. liefert am 15. des Monats an Einzelhändler Ernst H. Waren für 35.000 € zuzüglich des Regelsteuersatzes. Ernst H. veräußert diese Waren sechs Tage später für 40.000 € zuzüglich des Regelsteuersatzes an den Kaufmann Heinzmann.
  Beschreiben Sie die umsatzsteuerrechtlichen Folgen für den Einzelhändler Ernst H., wenn dieser unbeschränkt steuerpflichtig ist. (10 Punkte)
Hinweis: Die Angabe von Paragrafen ist nicht erforderlich.

Lösung
Der Einzelhändler Ernst B. bezieht vom Unternehmer Jakob G. Waren für 35.000 € zzgl. 6.650 € (19 %) Umsatzsteuer. In Höhe dieser Umsatzsteuer macht Ernst B. gegenüber dem Finanzamt einen Vorsteuerabzug geltend und hat damit einen Erstattungsanspruch in Höhe von 6.650 € gegen das Finanzamt.
  Durch die Veräußerung der Waren in Höhe von 40.000 € zzgl. 7.600 € Umsatzsteuer liegt ein steuerpflichtiger Umsatz vor. Somit muss Ernst B. für diesen Umsatz 7.600 € Umsatzsteuer an das Finanzamt zahlen.
  Weil der Kauf und Verkauf innerhalb eines Kalendermonats erfolgen, kann Ernst B. den Vorsteuerabzug in Höhe von 6.650 € mit der abzuführenden Umsatzsteuer in Höhe von 7.600 € saldieren. Somit hat er gegenüber dem Finanzamt eine Umsatzsteuerzahllast in Höhe von 950 €. (10 Punkte)

Kommentar: Bei der Lösung ist die Beschreibung des Umsatzsteuersystems erforderlich. Hierbei ist wichtig, nicht nur die aufgrund der Umsätze des Unternehmers entstehende Umsatzsteuer, sondern auch das System des Vorsteuerabzugs darzustellen. Letztlich entspricht der Umsatzsteuerzahllast derjenigen Umsatzsteuer, die auf dem Saldo zwischen Einkauf und Verkauf beruht, hier also der Differenz von 40.000 € abzgl. 35.000 € = 5.000 €. In Höhe dieses Wertes hat Ernst B. durch den Weiterverkauf einen Mehrwert geschaffen – daher auch der umgangssprachliche Name »Mehrwertsteuer«. Die Umsatzsteuerzahllast entspricht der auf diesen Mehrwert von 5.000 € entfallenden Steuer (5.000 € × 19 % = 950 €).

Aufgabe
Eine ordnungsgemäße Rechnung im Sinne des Umsatzsteuergesetzes erfordert zur Erlangung des Vorsteuerabzugs bestimmte Angaben. Prüfen Sie bei der nachfolgend aufgeführten Rechnung diese gesetzlich geforderten Angaben und nennen Sie die fehlenden Angaben.
(14 Punkte)

Recht und Steuern

> **Hinweis**
> Die gesetzlichen Vorschriften müssen nicht genannt werden.

Büroservice U-GmbH

Schmidtmann & Söhne
Poststraße 111
59999 Musterstadt

Rechnung

Verschiedene Büromaterialien	Zwischensumme netto	268,88 €
	zzgl. 7 % Umsatzsteuer	3,58 €
	zzgl. 19 % Umsatzsteuer	30,68 €
	Endsumme	303,14 €

Zahlbar innerhalb von 30 Tagen auf folgendes Konto:
IBAN: DE77 3958 0430 4033 7451 00
BIC: GENODEDZXCX

i. V. Schmidtmann
Unterschrift

Abb. 3.25: Rechnung im Sinne des Umsatzsteuergesetzes

Lösung
Eine ordnungsgemäße Rechnung muss gem. § 14 Abs. 4 S. 1 Nr. 1 – 7 UStG zusätzlich zu der genannten Rechnung der Büroservice U-GmbH folgende Angaben enthalten:
▸ die vollständige Anschrift des leistenden Unternehmers
▸ die dem leistenden Unternehmer vom Finanzamt erteilte Steuernummer oder die vom Bundeszentralamt für Steuern erteilte Umsatzsteuer-Identifikationsnummer
▸ das Ausstellungsdatum
▸ eine fortlaufende Nummer mit einer oder mehrerer Zahlenreihen, die zur Identifizierung der Rechnung vom Rechnungsaussteller einmalig vergeben wird (Rechnungsnummer)
▸ die Menge und die Art (handelsübliche Bezeichnung) der gelieferten Gegenstände oder den Umfang und die Art der sonstigen Leistung
▸ den Zeitpunkt der Lieferung oder sonstigen Leistung
▸ das nach Steuersätzen aufgeschlüsselte Entgelt für die Lieferung oder sonstige Leistung

Kommentar: Erneut ist die Angabe der gesetzlichen Vorschriften nicht gefordert. Allerdings ist die Lösung wörtlich aus § 14 Abs. 4 UStG entnommen, sodass es auch hierbei leicht ist, die Anforderungen mit der gegebenen Rechnung abzugleichen und je richtiger Antwort 2 Punkte, max. 14 Punkte, zu erzielen.

3.2.2.6 Grundsteuer

Die Grundsteuer wird auf das Eigentum an inländischen Grundstücken erhoben (§ 2 GrStG). Sie fließt den Gemeinden zu. Die Höhe der Grundsteuer ist einerseits über einen von den Städten und Gemeinden festgesetzten Hebesatz von der Art des Grundstücks abhängig. Andererseits fließt der Wert des Grundstücks über den sog. Einheitswert in die Berechnung ein. Die Grundsteuer ist unterteilt in die Grundsteuer A (Betriebe der Land- und Forstwirtschaft) und die Grundsteuer B (alle sonstigen Immobilien). Durch die individuelle Festlegung der Hebesätze fällt die Grundsteuerbelastung trotz gleicher Bedingungen je nach Lage des Grundstücks unterschiedlich hoch aus.

Die **Berechnung** erfolgt in drei Schritten:
1. Festlegung des Einheitswertes durch das Finanzamt. Für die alten Bundesländer sind die Wertverhältnisse auf den 01.01.1964, für die neuen Bundesländer auf den 01.01.1935 maßgebend.
2. Auf den Einheitswert wird vom Finanzamt eine Steuermesszahl angewendet. Sie wird als Anteil des Einheitswertes ermittelt und dient zur Berechnung des Grundsteuermessbetrages. Ihre Höhe richtet sich nach der jeweiligen Grundstücksart. Der Grundsteuermessbetrag wird den Steuerpflichtigen und den Gemeinden mitgeteilt.
   Die Grundsteuermesszahl beträgt in den alten Bundesländern
   - 2,6 ‰ für Einfamilienhäuser für die ersten 38.346,89 Euro des Einheitswerts, 3,5 ‰ für den Rest des Einheitswerts
   - 3,1 ‰ für Zweifamilienhäuser
   - 6,0 ‰ für Betriebe der Land- und Forstwirtschaft
   - 3,5 ‰ für andere Grundstücke
   Für die neuen Bundesländer gelten wegen der niedrigeren Einheitswerte auf den 01.01.1935 grundsätzlich höhere Steuermesszahlen.
3. Die Grundsteuermesszahl wird mit dem Hebesatz multipliziert, der von der Gemeinde bzw. der Stadt festgesetzt wird.

> **Beispiel**
>
> Die Stadt Köln hat für die Grundsteuer A einen Hebesatz von 165 % und für die Grundsteuer B einen Hebesatz von 515 % festgesetzt. Für eine Eigentumswohnung, die einen Einheitswert von 40.000 € hat, ergibt sich ein Grundsteuermessbetrag von 140 € (3,5 ‰ von 40.000 €). Die Grundsteuer beläuft sich daher jährlich auf 721 € (140 € × 515 %).

Da die Grundsteuerhebesätze von den Städten festgesetzt werden, unterscheidet sich die Höhe der Grundsteuer regional. Deshalb würde für die im Beispiel genannte Wohnung in Berlin durch deren Hebesatz von 810 % eine jährliche Grundsteuer von 1.134 € entstehen, während in Ingelheim am Rhein, wo der Hebesatz nur 80 % beträgt, lediglich 112 € anfallen würden.

3.2.2.7 Grunderwerbsteuer

Die Grunderwerbsteuer wird auf Kaufverträge und andere Geschäfte erhoben, die zum Erwerb eines inländischen Grundstücks führen (§ 1 Abs. 1 Nr. 1-7 GrEStG). Sie beträgt je nach Bundesland zwischen 3,5 und 6,5 % des Kaufpreises. Bestimmte Erwerbsvorgänge sind steuerfrei, z. B. der Erwerb

- eines Grundstückes mit einem Wert unter 2.500 €,
- durch Erbschaft oder Schenkung,
- durch Ehegatten bzw. Lebenspartner,
- durch Verwandte in gerader Linie.

Steuerpflichtig sind der Käufer und der Käufer des Grundstücks. In aller Regel wird aber im Kaufvertrag vereinbart, wer die Grunderwerbsteuer übernimmt. Erst wenn sie gezahlt ist, erteilt das Finanzamt die Unbedenklichkeitsbescheinigung und danach kann die Eintragung des Eigentümerwechsels ins Grundbuch erfolgen.

Aufgabe

Die Geschäftsleitung ihres Arbeitgebers, der U-GmbH, fragt Sie beiläufig, welche beiden Steuern die U-GmbH beim Erwerb und für den Besitz des Grund und Bodens zu zahlen hat.
a) Beantworten Sie die Anfrage der Geschäftsleitung und gehen Sie auf die Bemessungsgrundlage der beiden Steuern ein. (6 Punkte)
b) Geben Sie zusätzlich drei weitere Verkehrssteuern und drei Besitzsteuern an. (6 Punkte)

Lösung

a) Bei Erwerb von Grund und Boden entsteht Grunderwerbsteuer. (1 Punkt)

Die Bemessungsgrundlage ist der Wert der Gegenleistung, insb. der Kaufpreis. Hinzu kommen z. B. schuldrechtlich übernommene Darlehensverbindlichkeiten (Grundpfandrechte); vom Verkäufer vorbehaltene Nutzungen und übernommene sonstige Grundstücksbelastungen (z. B. Renten-, Wohn- und Nießbrauchsrechte) werden wertmäßig abgezogen.
(2 Punkte)

Durch den Besitz des Grund und Bodens entsteht Grundsteuer. (1 Punkt)

Bemessungsgrundlage ist der vom Finanzamt festgesetzte Einheitswert, der multipliziert mit der Steuermesszahl zu dem Steuermessbetrag führt und durch weitere Multiplikation mit dem Hebesatz der jeweiligen Gemeinde die Höhe der Grundsteuer ergibt. (2 Punkte)

b) Beispiele für Verkehrssteuern (außer Grunderwerbsteuer) sind:
Umsatzsteuer, Versicherungssteuer, Rennwettsteuer, Lotteriesteuer, Mineralölsteuer,
(je 1 Punkt, max. 3 Punkte)

Beispiele für Besitzsteuern (außer Grundsteuer) sind:
Einkommensteuer, Lohnsteuer, Körperschaftsteuer, Gewerbesteuer, Hundesteuer
(je 1 Punkt, max. 3 Punkte)

Aufgabe
Der Kaufmann Claudio C. bittet Sie um Stellungnahme dahingehend, ob die folgenden Grundstückstransaktionen der Grunderwerbsteuer unterliegen.
a) Claudio C. möchte von seiner Ehefrau, die mehrere Ferienwohnungen besitzt, eine Wohnung auf Sylt kaufen. (3 Punkte)
b) Claudio C. hat ein Garagengrundstück im Zwangsversteigerungsverfahren für 4.000 € ersteigert. (3 Punkte)
c) Claudio C. hat von seiner Mutter ein Grundstück geschenkt bekommen (3 Punkte)

Lösung
a) Der Grundstückserwerb von der Ehefrau ist von der Besteuerung ausgenommen, vgl. § 3 Nr. 4 GrEStG. (3 Punkte)
b) Der Erwerb eines Grundstücks im Rahmen der Zwangsversteigerung ist ein Erwerbsvorgang und führt damit zur Besteuerung, vgl. § 1 Abs. 1 Nr. 4 GrEStG. (3 Punkte)
c) Die Grundstücksschenkung von der Mutter unterliegt wegen einer Steuerbefreiung nicht der Besteuerung mit Grunderwerbsteuer, vgl. § 3 Nr. 2 GrEStG. (3 Punkte)

3.2.2.8 Erbschaft- und Schenkungssteuer
Gegenstand der Erbschaftsteuer ist nicht allein der Erwerb von Todes wegen, sondern auch der unentgeltliche Übergang von Vermögenswerten auf eine andere Rechtspersönlichkeit.

Der Erbschaftsteuer unterliegen:
- der Erwerb von Todes wegen
- die Schenkung unter Lebenden
- die Zweckzuwendungen
- das Vermögen einer Stiftung im Abstand von je 30 Jahren.

Sie wird auf das Vermögen erhoben, das beim Tod einer natürlichen Person oder durch Schenkung unter Lebenden auf einen Dritten übergeht. Abbildung 3.26 zeigt (verkürzt) den Unterschied zwischen der beschränkten und der unbeschränkten Steuerpflicht.

	Unbeschränkte Steuerpflicht	Beschränkte Steuerpflicht
Rechtsgrundlage	§ 2 Abs. 1 Nr. 1 und 2 ErbStG	§ 2 Abs. 1 Nr. 3 ErbStG
	Erblasser ist Inländer	Weder Erblasser bzw. alternativ Schenker noch Erwerber sind Inländer
Umfang	Gesamtes vererbtes Vermögen	nur inländisches Vermögen
Anrechnung ausländischer Erbschaftsteuer	Ja	Nein

Abb. 3.26: Erbschaftsteuer

Die Höhe der Erbschaftsteuer hängt ab vom Verhältnis des Erblassers bzw. Schenkenden zum Erben bzw. Beschenkten. Abbildung 3.27 zeigt die Einteilung in Steuerklassen, § 15 ErbStG.

Recht und Steuern

Steuerklasse	I	II	III
Wichtige Beispiele	▸ Ehegatten, Lebenspartner ▸ Kinder und Stiefkinder ▸ Abkömmlinge dieser Kinder und Stiefkinder ▸ Bei Erbfällen: Eltern, Großeltern, Urgroßeltern usw.	▸ Geschwister, ▸ Neffen, Nichten ▸ Schwiegerkinder ▸ Stief- und Schwiegereltern, ▸ geschiedene Ehepartner, Lebenspartner einer aufgehobenen Lebenspartnerschaft ▸ Bei Schenkungen: Eltern, Großeltern, Urgroßeltern usw.	alle übrigen Personen (Lebensgefährten, Freunde)
Steuersatz bei einem steuerpflichtigen Erwerb bis ...			
75.000 €	7 %	15 %	30 %
300.000 €	11 %	20 %	30 %
600.000 €	15 %	25 %	30 %
6.000.000 €	19 %	30 %	30 %
13.000.000 €	23 %	35 %	50 %
26.000.000 €	27 %	40 %	50 %
über 26.000.000 €	30 %	43 %	50 %

Abb. 3.27: Erbschaftsteuerklassen

Jedem unbeschränkt steuerpflichtigen Erwerber steht ein persönlicher Freibetrag zu, § 16 ErbStG, z. B.
- Ehegatten, Lebenspartner   500.000 €
- jedes Kind, jedes Stiefkind   400.000 €
- jedes Kind eines verstorbenen Kindes bzw. Stiefkindes   400.000 €
- jedes Kind eines lebenden Kindes bzw. Stiefkindes   200.000 €
- jede sonstige Person aus Steuerklasse I   100.000 €
- jede Person aus Steuerklasse II oder III   20.000 €

Zusätzlich wird den überlebenden Ehegatten bzw. Lebenspartnern und den Kindern altersabhängig ein Versorgungsfreibetrag gewährt.

Aufgabe
Der unverheiratete Hans Glück hinterlässt zwei leibliche Kinder im Alter von 42 und 45 Jahren. Der Wert des Nachlasses beträgt 1.200.000 €.
Berechnen Sie die Höhe der anfallenden Erbschaftsteuer.   (10 Punkte)

Lösung
Es liegt durch den Erbanfall für jedes Kind ein Erwerb von Todes wegen vor, sodass beide Erwerbe von jeweils 600.000 € der Erbschaftsteuer unterliegen.   (2 Punkte)
Als leibliche Kinder erfolgt die Berechnung der Erbschaftsteuer und des persönlichen Freibetrags nach der Steuerklasse I. Der persönliche Freibetrag liegt bei 400.000 €, sodass der steuerpflichtige Erwerb noch 200.000 € beträgt. Einen Versorgungsfreibetrag kommt aufgrund des Alters der Kinder nicht mehr in Betracht.   (6 Punkte)

Der Steuersatz beträgt in der Steuerklasse I bei der Höhe des steuerpflichtigen Erwerbs von 200.000 € 11 %, somit entsteht eine Erbschaftsteuer für jedes Kind von 22.000 €. (2 Punkte)

3.2.3 Abgabenordnung

Die Abgabenordnung ist ein Mantelgesetz, das Bestimmungen enthält, die grundsätzlich für alle Steuergesetze gelten und aus Zweckmäßigkeitsüberlegungen in einem Gesetz zusammengefasst sind.

Beispiel
Alle Steuerbescheide müssen laut § 157 Abs. 1 AO schriftlich erlassen werden. Diese Regelung muss in den zahlreichen einzelnen Steuergesetzen nicht mehr enthalten sein.

Das **materielle Recht** regelt, unter welchen Voraussetzungen ein Steueranspruch entsteht bzw. erlischt.
Das **Verfahrensrecht** regelt, wie der Steueranspruch durchgesetzt werden kann und welche Rechte dem Steuerpflichtigen zustehen.

Die Einzelsteuergesetze begründen einen Anspruch, die AO regelt die Durchsetzung des Anspruchs.

Die Gliederung der AO folgt dem Besteuerungsverfahren:
- Entstehung des Steueranspruches
- Steuerfestsetzung
- Steuererhebung
- Sanktionsvorschriften.

In Abbildung 3.28 sind wichtige Bestimmungen zusammengestellt.

Aufgabe
Sie werden von der Geschäftsleitung gebeten, die drei Stufen des Besteuerungsverfahrens, die auch die grundsätzliche Gliederung der Abgabenordnung darstellt, zu beschreiben.
(9 Punkte)

Lösung
1. Stufe: Steuerentstehung (1. und 2. Teil der AO)
2. Stufe: Steuerfestsetzung = Konkretisierung der Ansprüche (3., 4. und 7. Teil der AO)
3. Stufe: Steuererhebung = Realisierung der Ansprüche (5. und 6 Teil der AO)

Kommentar: Pro Stufe werden 3 Punkte verteilt. Die in dem Inhaltsverzeichnis der AO erkennbaren Teile, Abschnitte und Unterabschnitte müssen nicht dargestellt werden, sind aber bei der Entwicklung der Lösung als »Roter Faden« sehr hilfreich. Immerhin wird in der Aufgabe bereits auf die Gliederung der AO verwiesen, sodass nach einem Blick in das Inhaltsverzeichnis der AO die geforderte Unterteilung nahe liegt.

Steuer	▸ Geldleistung ▸ ohne Gegenleistung ▸ erhoben von öffentlich-rechtlichen Gemeinwesen ▸ zur Erzielung von Einnahmen (kann Nebenzweck sein) ▸ von allen zu zahlen, bei denen der Tatbestand vorliegt, an den die Leistungspflicht gesetzlich geknüpft ist	§ 3 Abs. 1 AO
Steuerliche Nebenleistungen i. S. d. § 3 Abs. 4 AO	▸ Zwangsgelder ▸ Verspätungszuschläge ▸ Säumniszuschläge ▸ Zinsen ▸ Kosten	§ 329 AO § 152 AO § 240 AO §§ 233 – 237 AO § 89 AO, §§ 178, 178a, 337 – 345 AO
Steuerschuldner	▸ wer zur Zahlung der Steuer verpflichtet ist ▸ für dessen Rechnung ein anderer die Steuer zu zahlen hat	in den Einzelsteuergesetzen geregelt
Steuerpflicht	Alle Pflichten und Rechte des Bürgers gegenüber der Finanzverwaltung	§ 33 AO
Steuerbescheid	Verwaltungsakt, durch den ein Steuerbetrag bestimmt wird	§ 155 Abs. 1 AO
Buchführungspflicht	Wer nach anderen Gesetzen zur Führung von Büchern verpflichtet ist, unterliegt auch der steuerlichen Buchführungspflicht.	§ 140 AO
	Zusätzlich, wer mehr als 600 000 Euro Umsatz oder einen Gewinn aus Gewerbebetrieb von mehr als 60 000 Euro im Wirtschaftsjahr hat.	§ 141AO
Fristen	Fristen sind Zeiträume	§§ 187 – 193 BGB, sofern § 108 AO nichts anderes bestimmt
Fristbeginn	Wenn ein Ereignis maßgebend ist, wird dieser Tag nicht mitgerechnet	§ 187 BGB, § 108 Abs. 1 AO
	Wenn mit Beginn eines Tages Fristen anlaufen, wird dieser Tag mitgerechnet	
Dauer der Frist	1 Monat bei Einspruch, Klage, Nichtzulassungsbeschwerde und Revision	§ 355 AO
	1 Jahr bei Festsetzungsverjährung bei Verbrauchssteuern	§ 169 AO
	4 Jahre bei Festsetzungsverjährung bei anderen Steuern	
	10 Jahre bei Steuerhinterziehung	
Ende der Frist	Ablauf des letzten Tages der Frist Ablauf des nächsten Werktages, wenn das Fristende auf einen Samstag, Sonntag oder Feiertag fällt	§§ 108 Abs. 1 AO 187 Abs. 2 BGB, § 188 BGB
Zugangsvermutung	innerhalb von 3 Tagen	§ 122 Abs. 2 AO
Termine	Termine sind feste Zeitpunkte	
Zinsen	werden nur erhoben, wenn gesetzlich vorgesehen, z. B.	§ 233 Satz 1
	▸ Stundungszinsen für die Dauer der gewährten Stundung	§ 234 i. V. m. § 220 AO
	▸ Aussetzungszinsen während eines Rechtsbehelfsverfahrens	§ 237 i. V. m. § 361 AO
	▸ Hinterziehungszinsen als Vorteilsausgleich	§ 235 i. V. m. § 370 AO

Abb. 3.28: Wichtige Regelungen der Abgabenordnung

Aufgabe

Sie sind in der kaufmännischen Abteilung der U-GmbH beschäftigt. Der Geschäftsführer der U-GmbH, Helmut Hansen, prüft die Steuerbescheide der U-GmbH. Hansen hat gehört, dass es fünf Begriffsmerkmale für einen Verwaltungsakt gibt.

Nennen Sie ihm, welche fünf Merkmale dies sind. (10 Punkte)

Lösung

Ein Verwaltungsakt ist gem. § 118 AO jede Verfügung, Entscheidung oder andere hoheitliche Maßnahme, die
- eine Behörde
- zur Regelung eines Einzelfalles
- auf dem Gebiet des öffentlichen Rechts trifft
- die auf unmittelbare Rechtswirkung
- nach außen gerichtet ist. (je Merkmal 2 Punkte)

Kommentar: Die Aufgabestellung verlangt das Nennen der fünf Begriffsmerkmale eines Verwaltungsaktes. Der Begriff des Verwaltungsaktes ist nicht in den Einzelsteuergesetzten, sondern in dem Mantelgesetz, der Abgabenordnung geregelt. Bei dieser Art von Aufgaben empfiehlt es sich, den Wortlaut des Gesetzes schlicht abzuschreiben und keine eigenen Begriffe oder Definitionen zu suchen. Einerseits spart man Zeit, weil man keine eigenen, wortreichen Umschreibungen sucht, andererseits erhält man nur so die volle Punktzahl.

Aufgabe

Der Unternehmer Hansen hat seinen Wohn- und Geschäftssitz im Zuständigkeitsbereich des Finanzamtes Köln-West. Der Steuerbescheid für den letztjährigen Veranlagungszeitraum 2015 wurde mittels einfachem Brief am Montag, dem 14. März 2016 zur Post aufgegeben.

a) Erläutern Sie, wann der an Hansen gerichtete Steuerbescheid als Verwaltungsakt wirksam geworden ist. (9 Punkte)

b) Beschreiben Sie, die Rechtslage bezüglich der Wirksamkeit des Verwaltungsaktes für den Fall, dass Hansen vorträgt, den Steuerbescheid gar nicht erhalten zu haben. (5 Punkte)

Lösung

a) Ein Verwaltungsakt wird gegenüber demjenigen, für den er bestimmt ist oder der von ihm betroffen wird, in dem Zeitpunkt wirksam, in dem er ihm bekannt gegeben wird, § 124 Abs. 1 S. 1 AO. (3 Punkte)
Ein mit der Post übermittelter Verwaltungsakt gilt am dritten Tage nach der Aufgabe zur Post als bekannt gegeben, § 122 Abs. 2 Nr. 1 AO, es sei denn, der Zugang ist erst zu einem späteren Zeitpunkt erfolgt. (3 Punkte)
Daher gilt der Steuerbescheid für den Unternehmer Hansen als am 17.03.2016 bekannt gegeben und damit wirksam geworden. (3 Punkte)

b) Ein mit der Post übermittelter Verwaltungsakt gilt als nicht bekannt gegeben, wenn er nicht oder zu einem späteren Zeitpunkt zugegangen ist, § 122 Abs. 2 AO. Im Zweifel hat die Behörde den Zugang des Verwaltungsaktes und den Zeitpunkt des Zugangs nachzuweisen, § 122 Abs. 2 AO.

Weil Hansen vorträgt, den Steuerbescheid nicht erhalten zu haben, muss die Finanzbehörde den Zugang nachweisen, was bei einer Übermittlung per einfachen Briefs nicht möglich ist. (5 Punkte)

Kommentar: Eine klausurtechnisch saubere Lösung bedeutet nicht nur, den Zeitpunkt des Wirksamwerdens zu nennen und »im Kopf« die Berechnung vorzunehmen. Dann würden nur 1/3 aller Punkte vergeben, somit eine mangelhafte Leistung vorliegen, auch wenn Sie den Zeitpunkt der Bekanntgabe im Prinzip richtig berechnet haben. Beachten Sie bitte, dass eine »Erläuterung« des Wirksamwerdens gefragt ist – mithin nicht nur eine schlichte Berechnung, sondern auch eine Begründung und ein Hinführen zur Lösung. Nur durch ein sauberes Abarbeiten der Frage erzielen Sie alle Punkte.

Wenn Sie die Frage nochmals ganz genau lesen, fällt Ihnen auf, dass nach der »Wirksamkeit« gefragt ist. Daher ist zunächst darzustellen, was unter »Wirksamkeit« zu verstehen ist, weil die Frage ja auf den Zeitpunkt zielt, in dem diese Wirksamkeit gegeben ist. Bereits hierfür werden 3 Punkte verteilt.

Nachdem die Wirksamkeit als Zeitpunkt der Bekanntgabe definiert ist, ist sodann dieser Zeitpunkt der Bekanntgabe darzustellen. Daher sollten Sie zunächst die allgemeine Definition darstellen, also wegen der Übermittlung per Post der dritte Tag nach Aufgabe zur Post. Erst im letzten Schritt ist sodann auf den konkreten Sachverhalt diese Frist zu berechnen und in einem Antwortsatz die Ausgangsfrage nach dem Wirksamwerden zu beantworten.

Es gilt erneut, dass die Nennung der Paragrafen nicht erforderlich gewesen wäre. Allerdings wird auch hierbei die Verwendung des Gesetzes das systematische »Abarbeiten« erleichtern bzw. erst ermöglichen. Somit ist es mehr als hilfreich, die einschlägigen Paragrafen aufzuschlagen und zu verwenden, zumal die Wirksamkeitsdefinition wörtlich aus dem § 124 AO abgeschrieben ist.

Aufgabe
Der Einkommensteuerbescheid gegen Horst H. wird vom Finanzamt mittels einfachen Briefs am Montag, 18.04.2016 zur Post gegeben. Horst H. hat Bedenken gegen einige Punkte des Bescheides und möchte von Ihnen wissen:
a) wie er sich gegen den Bescheid wehren kann (2 Punkte)
b) welche Frist er dabei beachten muss. (8 Punkte)

Lösung
a) Gegen den Einkommensteuerbescheid ist der Einspruch gegeben, § 347 Abs. 1 S. 1 AO. Dieser ist schriftlich einzureichen, § 357 Abs. 1 AO. (2 Punkte)
b) Der Bescheid gilt wegen der Versendung mittels einfachen Briefs am dritten Tage nach Aufgabe zur Post (§ 122 Abs. 2 Nr. 1 AO) als bekannt gegeben, mithin am 21.04.2016. Die Einspruchsfrist beträgt einen Monat nach Bekanntgabe (§ 355 Abs. 1 AO) und läuft somit bis zum 21.05.2016, §§ 108 AO, 187-193 BGB. Weil dieser Tag auf einen Samstag fällt, schiebt sich der Ablauf der Frist auf den nächsten Werktag, also den Montag, 23.05.2016, vgl. § 108 Abs. 3 AO, § 193 BGB. Die Einspruchsfrist endet daher mit Ablauf des 23.05.2016, also Montag 24.00 Uhr.
Sofern der Einspruch erst danach beim Finanzamt eingeht, ist er unzulässig. (8 Punkte)

Aufgabe

Der Steuerpflichtige Herbert H. hat für den Veranlagungszeitraum 2015 ein zu versteuerndes Einkommen von 67.820 Euro erzielt. Er reicht seine Einkommensteuererklärung am 10.05.2016 beim zuständigen Finanzamt ein.

a) Erläutern Sie, was die Abgabenordnung unter der Festsetzungsfrist versteht. (4 Punkte)
b) Geben Sie den Beginn, die Dauer und den Ablauf der Festsetzungsfrist an. (6 Punkte)

Lösung

a) Eine Steuerfestsetzung ist gem. § 169 Abs. 1 AO nicht mehr zulässig, wenn die Festsetzungsfrist abgelaufen ist (Festsetzungsverjährung). Somit erlöschen durch den Eintritt dieser Festsetzungsverjährung die Steueransprüche. Es handelt sich um eine Vorschrift, die dem Rechtsfrieden dient. (4 Punkte)

b) Die Festsetzungsfrist beträgt gem. § 169 Abs. 2 Nr. 2 AO vier Jahre. Sie beginnt gem. § 170 AO mit Ablauf des Kalenderjahres, in dem die Steuererklärung eingereicht wird, hier also mit Ablauf des 31.12.2016. Somit endet die Festsetzungsfrist mit Ablauf des 31.12.2020. (6 Punkte)

Kommentar: Es ist nicht erforderlich, die jeweiligen Rechtsgrundlagen zu zitieren. Wichtig ist es, die Dauer der Standardfristen zu kennen und berechnen zu können.

Aufgabe

Der Steuerpflichtige Herbert H. hat seinen Einkommensteuerbescheid für 2015 am 09.08.2016 erhalten. Nennen sie zwei Vorschriften, nach denen der Einkommensteuerbescheid noch geändert werden kann. (6 Punkte)

Lösung

Es können beispielsweise folgende Änderungsvorschriften genannt werden:
- Sofern die Steuerfestsetzung unter dem Vorbehalt der Nachprüfung ergangen ist, kann die Finanzbehörde den Steuerfall bis zum Eintritt der Festsetzungsverjährung jederzeit aufheben oder ändern (§ 164 AO).
- Gem. § 129 AO kann die Finanzbehörde Schreibfehler, Rechenfehler und ähnliche offenbare Unrichtigkeiten, die beim Erlass eines Verwaltungsaktes unterlaufen sind, jederzeit berichtigen.
- Nach § 172 Abs. 1 Nr. 2 AO darf ein Steuerbescheid geändert bzw. aufgehoben werden soweit der Steuerpflichtige zustimmt oder seinem Antrag der Sache nach entsprochen wird. Zugunsten des Steuerpflichtigen gilt dies aber nur, soweit er den Antrag bzw. die Zustimmung vor Ablauf der Einspruchsfrist gestellt hat.
- § 173 Abs. 1 AO bestimmt, dass Steuerbescheide aufzuheben oder zu ändern sind, soweit Tatsachen nachträglich bekannt werden, die zu einer höheren Steuer führen. Nach § 173 Abs. 2 AO ist diese Aufhebung bzw. Änderung zugunsten des Steuerpflichtigen nur möglich, wenn den Steuerpflichtigen kein grobes Verschulden daran trifft, dass diese Tatsachen erst nachträglich bekannt werden.

(Je Berichtigungsvorschrift 3 Punkte, max. 6 Punkte)

4 Mündliche Ergänzungsprüfung

Eine Ergänzungsprüfung im Fach »Rechnungswesen« wird angeboten, wenn
1. in der schriftlichen Arbeit eine mangelhafte Leistung erzielt worden ist und
2. in allen anderen Fächern des Bereiches »Wirtschaftsbezogene Qualifikationen« die Leistungen mindestens ausreichend waren.

Die Ergänzungsprüfung soll *anwendungsbezogen* durchgeführt werden und in der Regel nicht länger als 15 Minuten dauern. Die Bewertungen der schriftlichen und der mündlichen Prüfungsleistung werden dann zu einer Note zusammengefasst, wobei die Bewertung der schriftlichen Leistung doppelt gewichtet wird.

Bei einer ungenügenden Leistung ist eine Ergänzungsprüfung nicht möglich, das Fach muss dann – wie in Abbildung 4.1 dargestellt – in jedem Fall schriftlich und gegebenenfalls auch mündlich wiederholt werden.

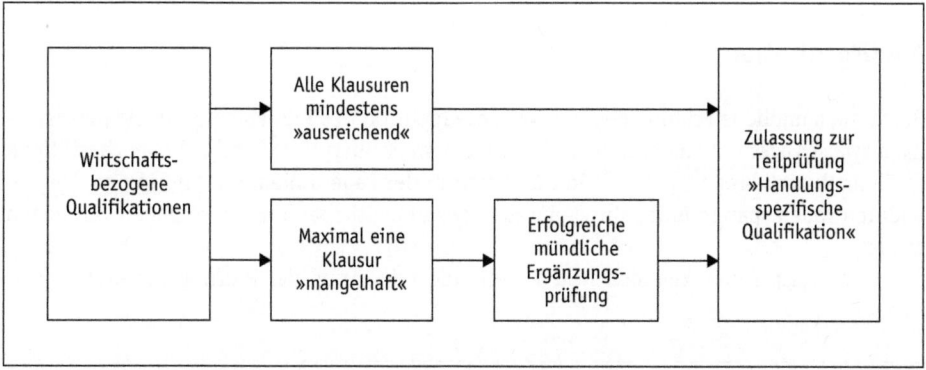

Abb. 4.1: Ergänzungsprüfung

4.1 Prüfungsausschüsse

Die Prüfungsausschüsse bei den Industrie- und Handelskammern bewerten *eigenverantwortlich* die Prüfungsleistungen. Sie bestehen aus mehreren Prüfern, weil § 40 BBiG bestimmt, dass in jedem Prüfungsausschuss drei Gruppen vertreten sein müssen. Abbildung 4.2 zeigt die Zusammensetzung.

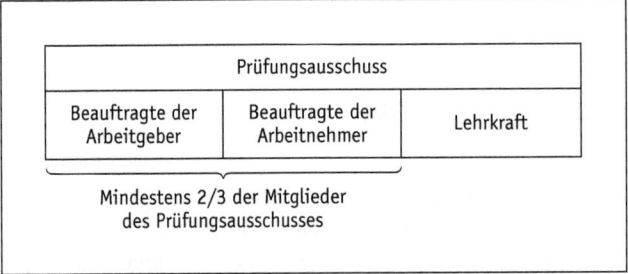

Abb. 4.2: Zusammensetzung der Prüfungsausschüsse

Beauftragte der Arbeitgeber und Arbeitnehmer müssen dem Prüfungsausschuss in gleicher Zahl angehören, dazu mindestens ein Dozent eines Weiterbildungsträgers. Mindestens zwei Drittel der Gesamtzahl der Mitglieder müssen Beauftragte der Arbeitgeber und der Arbeitnehmer sein. Dadurch besteht ein Prüfungsausschuss immer aus mindestens drei Mitgliedern.

Über das *Bestehen der Prüfungsteile* entscheiden alle Mitglieder des Prüfungsausschusses gemeinsam.

4.4 Organisation

Bevor die mündliche Prüfung beginnt, wird die Identität des Teilnehmers anhand des Personalausweises oder mit einem anderen Lichtbildausweis überprüft. Darüber hinaus bestätigen die Teilnehmer, dass sie gesund sind und sich in der Lage fühlen, die Prüfung abzulegen. Dadurch sollen spätere Anfechtungen wegen gesundheitlicher Einschränkungen vermieden werden.

Im Fachgespräch sitzen sich in der Regel die Prüfer und der Prüfling gegenüber (vgl. Abb. 4.3)

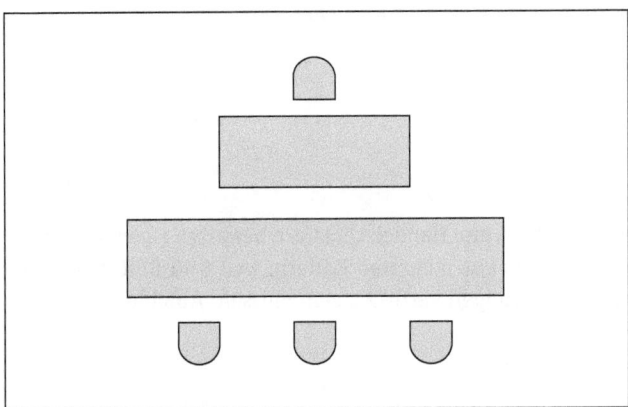

Abb. 4.3: Prüfungssituation

4.3 Durchführung der Prüfung

Meistens führt nur ein Prüfer das Gespräch. Wenn der Themenbereich gewechselt wird, übernimmt aber möglicherweise auch ein anderes Mitglied des Prüfungsausschusses die Gesprächsführung.

Ein Mitglied führt ein Protokoll, damit im Zweifelsfall der Verlauf und die Bewertung auch gerichtlich überprüfbar sind. Die Niederschrift ist die entscheidende Grundlage für den Prüfungsbescheid.

Das Prüfungsgespräch soll zeigen, dass praktische Aufgaben verstanden und fachlich korrekt bearbeitet werden können. In einem Frage-Antwort-Wechsel sollen die Kenntnisse festgestellt und auch komplexe Sachverhalte erörtert werden. Obwohl die Prüfungsordnung von einem »Gespräch« ausgeht, ist den Prüfern bewusst, dass – wie in Abbildung 4.4 skizziert – tatsächlich keine Gleichrangigkeit der Partner gegeben ist.

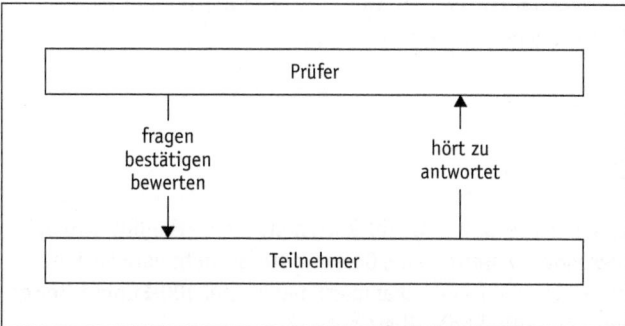

Abb. 4.4: Prüfungsgespräch

> **Tipp**
> Es ist völlig normal, dass Ihnen in der angespannten Situation nicht jede Antwort sofort einfällt. Wenn Sie die Frage zwar verstanden haben, die Antwort aber nicht sofort präsent haben, sollten Sie um Unterstützung bitten, z. B.:
> »Können Sie einen Hinweis geben?«
> »Ich kenne die Antwort bestimmt, aber sie fällt mir nicht ein.«
> »Können Sie die Frage anders formulieren?«
> Eine schnelle korrekte Antwort wirkt zwar souveräner, aber im Gespräch zu bleiben, ist in jedem Falle besser als langes unproduktives Nachdenken, das nur Zeit kostet und bestimmt nicht zu einer positiven Bewertung führt.

Bewertung

Die Bewertungen der schriftlichen und der mündlichen Leistungen in den einzelnen Fächern werden *in einer Note zusammengefasst*. Die Gewichtung erfolgt dabei im Verhältnis 2 : 1.

Beispiel

Eine Klausur ist mit 40 Punkten bewertet worden. In der mündlichen Prüfung müssen 70 Punkte erreicht werden, damit das Fach insgesamt »ausreichend« bestanden ist:
(40 × 2) + 70 = 150
150 : (2 + 1) = 50

Für die gesamte Teilprüfung »Wirtschaftsbezogene Qualifikationen« wird eine Note aus dem arithmetischen Mittel der Punktebewertung in den vier Qualifikationsbereichen gebildet.

Beispiel

Volks- und Betriebswirtschaft	71 Punkte	befriedigend
Unternehmensführung	67 Punkte	befriedigend
Recht und Steuern	68 Punkte	befriedigend
Rechnungswesen (nach der mündlichen Prüfung)	50 Punkte	ausreichend
Durchschnittliche Punktzahl	256 : 4 = 64 Punkte	ausreichend

Das Ergebnis der Teilprüfung wird »ausreichend« sein, obwohl in drei von vier Qualifikationsbereichen »befriedigende« Leistungen erreicht worden sind.

> **Hinweis**
> Ein situationsbezogenes Fachgespräch mit Präsentation ist nur in der Teilprüfung »Handlungsspezifische Qualifikationen« vorgesehen.

4.4 Bestehen der Prüfung

Die beiden Teilprüfungen »Wirtschaftsbezogene Qualifikationen« und »Handlungsspezifische Qualifikationen« werden *gesondert bewertet*, eine Gesamtnote ist nicht vorgesehen.

Die Noten werden bei den Industrie- und Handelskammern nach einer 100-Punkte-Bewertungsskala ermittelt. Das Schema verdeutlicht die Übersicht:

Punkte	Note	Beschreibung
92–100	sehr gut	Eine den Anforderungen in besonderem Maße entsprechende Leistung
81–91	gut	Eine den Anforderungen voll entsprechende Leistung
67–80	befriedigend	Eine den Anforderungen im Allgemeinen entsprechende Leistung
50–66	ausreichend	Eine Leistung, die zwar Mängel aufweist, aber im Ganzen den Anforderungen noch entspricht
30–49	mangelhaft	Eine Leistung, die den Anforderungen nicht entspricht, jedoch erkennen lässt, dass die notwendigen Grundkenntnisse vorhanden sind
0–29	ungenügend	Eine Leistung, die den Anforderungen nicht entspricht und bei der selbst die Grundkenntnisse lückenhaft sind

Die Prüfung ist insgesamt bestanden, wenn in allen Prüfungsleistungen mindestens ausreichende Leistungen erbracht wurden. Sie kann zweimal wiederholt werden.

Stichwortverzeichnis

A
Abfindung 52
Abgabenordnung 97
Abmahnung 51
Absonderung 41
Allgemeine Geschäftsbedingungen 15
Änderungskündigung 57
Arbeitsleistung 51
Arbeitsrechtliche Schutzbestimmungen 63
Arbeitsschutzgesetz 63
Arbeitsvertrag 23, 50
– Rechte und Pflichten 51
Arbeitszeitgesetz 65
Aufhebungsvertrag 52
Aussonderung 41

B
Befristung 51
Besitzkonstitut 38
Betriebsrat 53, 62
– Mitwirkungsrechte 62
Betriebsverfassungsgesetz 62
Betriebsvermögensvergleich 77
Beurkundung 14
BGB Schuldrecht 11
Bundeserziehungsgeldgesetz 53
Bundessteuern 71
Bürgschaft 34
– gewöhnliche 34
– selbstschuldnerische 34

D
Darlehensvertrag 22
Dienstvertrag 23
Durchschnittssätze 78

E
Eigentumsvorbehalt 36
Eigentumswechsel 14
Eigentum und Besitz
– Unterschiede 31
Einkommensteuer 75

Einkunftsarten 78
Einnahmen-Überschuss-Rechnung 77
Einrede der Vorausklage 34
Einschränkungen 50
Erbschaftssteuer
– unbeschränkte Steuerpflicht 95
Erbschaftsteuer 95
– beschränkte Steuerpflicht 95
Erbschaftsteuerklassen 95
Erfüllungsort
– gesetzlicher 24
– natürlicher 23
– vertraglicher 23
Ergänzungsprüfung
– mündliche 103

F
Finanzierungssicherheiten 34
Fruchtziehung 21

G
Garantie 13
Gefährdungshaftung 12
Gefahrübergang 17
Gemeindesteuern 71
Generalklausel
– Treu und Glauben 12
Gerichtsstand 12
Gesetz gegen unlauteren Wettbewerb 66
Gesetz gegen Wettbewerbsbeschränkungen 68
Gewährleistung 13
Gewerbeaufsicht 70
Gewerbefreiheit 69
Gewerbeordnung 69
Gewerberecht 69
Gewerbesteuer 83
– Berechnung 84
Gewinnermittlung 77
Globalzession 39
Grunderwerbsteuer 94

Grundpfandrechte 35
Grundschuld 36
Grundsteuer 93
– Berechnung 93

H
Haftung 13, 24
Handelsgesetzbuch 44
Handelskauf
– beidseitiger 19
– einseitiger 19
Handelsmakler 50
Handelsregister 48
Handelsvertreter 50
Handlungsvollmacht 47
Hypothek 35

I
Insolvenzgläubiger 41
Insolvenzquote 41
Insolvenzrecht 40

J
Jugendarbeitsschutz 64

K
Kapitalertragsteuer 86
Kartellgesetz 68
Käufer
– Rechte bei Mängeln 17
Kaufmann 44
Kaufmannsbegriff 44
Kaufmannseigenschaft 46
Kaufvertrag 14
Kirchensteuer 76
Körperschaftsteuer 81
Kündigung 51, 52
– außerordentliche 56
– betriebsbedingte 55
– ordentliche 53
– personenbedingte 54
– verhaltensbedingte 54
Kündigungsschutz 51
Kündigungsschutzklage 57

Stichwortverzeichnis

L
Ländersteuern 71
Leasing 22
Leistungsort 23
Leistungsstörungen 24
Lieferung 17
Lohnsteuer 79

M
Mantelzession 39
Massegläubiger 40
Materielles Recht 97
Mietvertrag 21
Mutterschutzgesetz 53, 64

O
Online-Kaufvertrag 21

P
Pachtvertrag 21
Pfandrecht 35
– gesetzliches 35
– rechtsgeschäftliches 35
Pfändungspfandrecht 35
Produkthaftung 12
Produzentenhaftung 13
Prokura 46
Prüfung
– Bestehen der 106
– Bewertung 105
– Durchführung 105
– Organisation 104
Prüfungsausschuss 103

R
Ratenkauf 22
Rechtsnormen 14
Reichensteuer 80
Rentenschuld 36
Rücktritt 30

S
Sachmangelhaftung 17
Schadensersatz
– durch Pflichtverletzung 27
Schenkungssteuer 95
Schuldner
– Verzug 25
Schuldverhältnis
– gesetzliches 11
– rechtsgeschäftliches 11
– rechtsgeschäftsähnliches 11
Schwerbehindertengesetz 53
Schwerbehindertenschutz 65
Sicherungsübereignung 38
Solidaritätszuschlag 76
Steuerarten 71
– Gebietskörperschaften 71
Steuern 70
– unternehmensbezogene 75
Steuerpflicht
– persönliche 84
– sachliche 76, 84
Steuerrecht
– Grundbegriffe 70

T
Tatsachen
– eintragungspflichtige 48
Tausch 14

U
Überschuldung 40
Umsatzsteuer 87
Unmöglichkeit der Leistung 26
Untersuchungs- und Rüge-
  pflicht 19
Urlaubsgesetz 66

V
Verarbeitungsklausel 36
Verfahrensrecht 97
Vermittlergewerbe 50
Vertragsbedingungen 15
Verzugsschaden 25
Verzugszinsen 25
Voranmeldungszeitraum 89

W
Werkvertrag 23
Wettbewerbsrecht 66
Widerrufsrecht 31

Z
Zahlungsunfähigkeit 40
– drohende 40
Zession 38